U0044643

在藏身之處，活得燦爛如初

一個不良少年
走向斜槓青年的生命故事

林保華──著

面對過去・檢視自己・改變現在・邁向未來

推薦好評

你怎麼看待你的人生呢？

緣分使我認識了這位很特別的年輕人，他談吐比同年層穩重、思維及格局也更為廣闊，這樣一位優秀的青年寫下的生命故事，透過故事來啟發人心。當我翻閱時，總意猶未盡地想往下看，從一個叛逆的不良少年到一位懂得覺察、反省與執行的人，歷經「混酉」到「學習」，再到「成長」，述出一段段具有影響力且令人感動的精彩人生。

不論你是在哪個人生階段，閱讀即可提升接受更多挑戰的勇氣，重新的看待自己的生命意義。

——豆子金商業學院總經理　李侑潾

我和保華的認識是自二零一七年在CHANergy潛能聚的活動開始，當時給我的印象就是非常「年輕」，但內在卻很有深度的一位朋友，我們常在讀書會上交流不同觀點，保華同時也具備令我十分欣賞的演說能力。

在終身成長這條道路上，我更看見他精進不懈的精神，深入寫作、探索生命意義、挑戰學習各種事物，並體現出生命的厚度。

看完本書後深刻體會到，他在自我實現旅程上，不僅僅是懂得如何「生活」，更提前了三十而立的人生階段，我想也是現代年輕人應學習的典範！

——Lifestream源流工作室創辦人　邱聰源

本書談的是作者的生命故事，敘述了他是如何從一個不良少年走向斜槓青年的旅程，每個人的人生總有難關，但願意發自內心改變的人是更難能可貴的。相信感同就能深受，所以邀請你一起來體會書中的文字，在字裡行間看見作者保華的真情流露。

——國際娛樂&網紅行銷公司副總　馥帥Alvin

作者保華在面對過去、檢視自己、改變現在、成長與喜悅的親身經歷上，用文字的情感與力量和讀者們分享「一個不良少年到斜槓青年的故事」，以願意承擔、願意負責、願意改變的正念態度來鼓勵大家面對人生。偶爾可以放過自己，但千萬別放棄自己，共勉之。

——W飲酒趣&W.Bistro 創辦人　溫俊成

每個人都是精彩的一本書，細細的閱讀，慢慢的品嘗，作者經歷過的事情，也許我們曾有過類似經歷或正在體驗，如詩人蘇軾〈題西林壁〉所寫，身在其中有時難看顧全貌，但看看他人，我們也許能找到相似的影子。而心境是人生中難以學習的課題，心境就像爬山時的護欄，讓我們在攀爬過程失去目標時，還能告訴我們路在何方，作者人生高潮迭起，其中心境的變化更讓人想要一探究竟。

——世界群英國際股份有限公司總經理　張証壹

推薦序一／

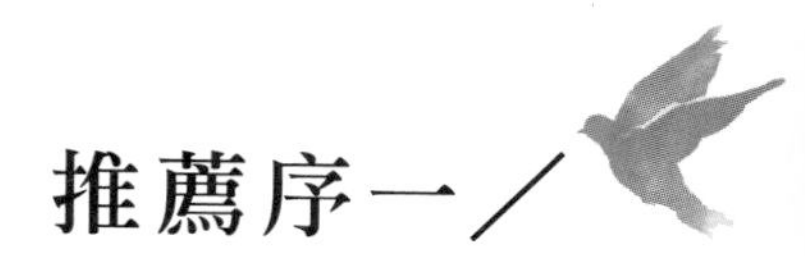

明道中學
林雅珮 老師

有多少錯誤可以被別人原諒？有多少錯誤可以被自己原諒？

幾年前聽到茄子蛋的〈浪子回頭〉這首歌，腦海中浮現的就是保華，一個上課永遠陷入昏迷般沉睡的學生，坐在教室最角落最靠近垃圾桶的位置，與班上同學的互動不多，只知道大家都叫他「保哥」，偶爾聽學生們竊竊私語謠傳著他身上有全背的刺青，貌似混黑道的，對他有幾分敬畏。

而我印象中的保華，精確地說，是沒有印象的，因為我很清楚英文這種不討喜的科目，很難引起大哥的共鳴，況且如果真如學生所說，保華是大哥的話，無論是在哪個幫派都用不到英文啊！所以自以為還算是個識相的英文老師，就讓他好好在我的課補眠吧！冒著會被學校登記缺點的風險。

直到有次下課，保華在走廊上遇到我跟我打招呼，我用一種既熟悉又陌生的眼神看著這孩子，下一秒我抓了他的頭髮微微下壓，「啊！你是林保華啊！你終於醒了！」在老師視角裡，我只認得他的頭髮，因為他睡了每一堂課啊！

那次打招呼之後，保華在我的課清醒的次數變多了，偶爾拿起筆寫寫筆記，多數的時候用著空洞的眼神看著我，他的字跟同齡的孩子比起來算是端正，眼神與其說是空洞，倒不如說像個無底洞，似乎藏了好多祕密一般。他很少笑，畢竟在學業上找不到任何成就感吧？但是他對老師非常尊敬，偶爾還會幫老師制止班上幾個胡鬧的孩子，讓老師能好好授課。後來我終於看到他笑了，那是在飲調課之後，班上同學一直說他調酒很厲害，要代表學校出去比賽，看著他穿著不搭嘎的白襯衫、黑色緊身背心，臉上露出微微靦腆的笑，真好，這孩子終於找到自己想做的事，而且很認真積極的樣子，心裡也替他開心，老天終於看到這孩子了，我這樣想。

然而這只是老天考驗的開始，不久後因為保華糊塗、衝動，一夜砸毀了好幾台車而被迫選擇休學，我知道後既是惋惜又是難過，我們好不容易盼到這孩子找到目標，好不容易在他眼裡看見「希望」，休學後沒有師長的督促、鼓勵，他還能繼續往正途走嗎？心裡雖然生氣他的一時衝動，但卻不忍苛責，因為他犯的錯，連他自己都不會原諒自己。保華休學後，我們就失聯了，過了八年，偶爾在臉書上看到保華寫的文章，分享的事情，還知道他出書了，我很清楚保華正用他自己的方式一點一滴地洗滌過往的荒唐，彌補自己犯下的錯誤，他在無數次懵懂的衝撞裡，雖然撞個滿身傷，但卻在擦乾血淚後更看清楚自己想要的樣貌，未來，他可能踩著滿路荊棘往前走，但我相信他有勇氣、智慧引領著他。

人的一生不斷犯錯，有多少錯誤能被別人原諒？又有多少錯誤能被自己原諒呢？讀了保華的故事，彷彿跟著他經歷了一些轟轟烈烈、不可思議，但他能及時懸崖勒馬，浪子回頭，當他的老師，我很驕傲。如果你正處在人生迷途，在保華的書裡，也許你可以看到相似的自己，找到可能的方向。

推薦序二／

紘登科技有限公司總經理

盧宥朋

萬事起頭難，從混沌走向光明

萬事起頭難，人的一生，要從混沌走向光明，需要多少時間和歲月來淬煉，又要用盡多少的力氣反思過往及奮起學習？

本書的作者是在大學一年級的春天，當時心思並不在學校裡的我藉由打工的同事介紹而認識，那時的我們有一個共同點，愛喝「酒」，因為「酒」使我們結緣至今，到了本書即將出版的現在，我仍感到不可思議，因為我竟然正在幫一位當年只是街頭愛喝酒的小混混寫推薦序。

我所了解的作者，是一位視酒如命的翩翩公子，一天不喝酒會全身發癢，一天不在外頭鬧事，心裡不會感到舒暢，畢竟當時我們也一同擁有過這樣的「混沌時光」。

約莫是在大三的時候，我剛輾轉到了法律系過著茫茫法海的生活，也就是那時候，保華開始跟我說他接觸了「成功學」這門學問，起初為之震驚且不以為意，畢竟個人先入為主的觀念，一位翩翩公子怎麼可能下定決心重拾書本且奮發向上，直到兩年後我大學畢了業，也就是那畢業的空窗期，保華邀請我擔任他的分享會攝影師。

在那次攝影的過程中，我充分感受到不一樣的他，以前的保華雖然性格開朗，但對於言詞的書寫及言語表達卻不是非常得心應手，但就在攝影的過程中，一邊聆聽及觀察，可以顯見那個以前從未見過的他，犀利的言詞表達及穩健的演說台風，讓我清楚的相信，眼前的保華已非當年嗜酒如命的翩翩公子，而是正在邁向跟其他人不一樣的成功道路上的林保華。

我們每個人的一天，從睜眼到闔眼，閱人無數，歷事頗多，但有幾個人能將一件如同芝麻的小事深深放於心中，又有多少人能將一個人的一個動作或者某一首平凡的歌曲悟得透徹及領悟其中所表之意？

現在的社會裡，我們越來越能見到不少年輕人，普遍在而立之年以前，人生過得飄浮不定，職場跑道一換再三，有的人是想多方歷練人生，而有的人卻是遇到困難而直接放棄。

本書的作者則藉由自小至今所經歷之酸甜苦辣、開心難過、成功失敗，總匯而成自己的人生精華，並將也是身為年輕人的自己，將他的人生經驗，分享給正在處於迷茫的各年齡層朋友，因此，相信正在翻閱這本「葵花寶典」的讀者，本書的閱覽一定能為你們迎來對人生新的認想。

推薦序三／

讀・創好點子工作室創辦人
賴冠名

認識自己，活出自己，分享自己

離開學校教職轉行當講師，我的理念是：「助人看見自身力量，邁向覺醒生活。」因我深信，每個人會出生在這個世界上都有他獨一無二的價值，生命的意義就在於要活出屬於自己的價值。

認識保華是在我所帶領的課程上，他給我的第一印象是內斂、溫和、認真，他不搶話也鮮少主動發言，但兩兩做對話練習或輪到他說的時候，很願意敞開自己侃侃而談；完全看不出他曾是常翹課、背地裡違反校規、喝酒鬧事進過警局的人呢！

當他說自己是職業調酒師時，我眼睛為之一亮，因為我很愛一部漫畫作品《Bartender 王牌酒保》。從動人的故事中瞭解到調酒師除了非常需要專業知識與技術之外，同時又要有很細膩的同理心，巧妙拿捏與客人互動的分寸，才能達到最好的服務。這，也是一條修行之路。

年輕時的保華學到教訓後，開始認真面對自己，一步步走出屬於自己的路。我很喜歡〈一百天達成一千個目標〉的段落中，他說：「偶爾放過自己，但沒放棄自己。」

本書可看到保華豐富的涉獵，透過付費課程、閱讀書籍等方式學習許多領域，匯聚成如今的他。保華很樂於傾囊相授，因為「知識是我給別人一塊錢，我自己就多一塊錢」。很高興看到他正活出自己的光芒。

推薦序四／

傑作國際專業教練有限公司創辦人
陳世明

覺醒後的蛻變

讀起保華的生命故事，令我很難想像，像他這樣年輕的青年，竟然已有如此多的際遇與深刻的生命體悟。尤其，是他斯文的外表下，竟然是如此堅毅地為自己生命努力著，並勤奮不懈，一再再地超越自我，邁向理想中的自己。

我與保華結識是在我開辦的「真我定位與啟程」工作坊中。無論是在當天工作坊或是後續團隊教練的互動中，都不難發覺他的與眾不同之處，因為他所分享的見解總是能跳脫一般人的認知框架，獨到且發人省思，就如同本書所散發出的氣息。

本書分享著他探索人生的過程、成長經歷的學習以及挫折後反思的領悟，同時也提供了許多幫助他蛻變的有用方法，讀起來有益且實用。流暢的文筆與具畫面的用語，更好像他正親自向我們述說般地那樣親近。特別喜歡他在書中描述他在高中與大學時的荒唐與迷茫歲月，因為我認為正是這段歷程，讓他能更感受到身處困境的年輕人的痛苦及需要。

我對他在工作坊結束前寫下的「真我定位」宣言記憶猶新：「我以教育工作者的身分，利用文字感動他人，以幫助對生命困惑的年輕人，擁有機會用智慧面對人生。」這一段宣言宣告了他將如何以他擅長與喜愛的方式，去幫助他所關心的人。如今，這第二本書的問世，正是他實現自我，利益他人的再一證明。

邀請您一同細細品味保華的生命詩章。相信本書必將幫助想要釐清方向的年輕人，以及想要讓生命更加豐富的您，活出自己想要的人生。

推薦序五／

CHANergy潛能聚共同創辦人
詹壬槿

認識保華，讓我重新發現生命的可能

無論你是否認識作者，從他自述的生命歷程中，你將會知道保華從來不是世俗眼光中的「人生勝利組」：沒有正職的工作、沒有固定的女朋友（啊，抱歉，是沒有女朋友）、沒錢、沒房、沒車，所謂的「無子登科」。然而，透過書中文字與保華交流之後，你將會發現，開創豐富人生的生命模式並不是只有世人所熟知的那幾套，我們可以活出屬於自己的燦爛人生，並且得到他人的尊敬及欣賞，對此我堅信不疑。

在我看來，這本書與保華的第一本書《邁向成功新生活》最不一樣的地方是「反思與實踐」，《邁向成功新生活》歸納了許多坊間成功學的精華，而你手上的這本書則是保華對生命的回顧及自我實現的歷程，多了溫暖及情感，也記錄下了現實中常有的挑戰與挫折。這可能是你、我，或是身邊的親友們，在第一個二十五年所經歷的真實人生。除了主流的選擇之外，一般年輕朋友更需要的是富有同理心的陪伴及適切的鼓勵，書中的許多故事將可提供反思與行動的參考，我認為這是保華所擁有的獨特價值。

長久以來保華是「CHANergy潛能聚」核心伙伴之一，也是潛能聚「聚・讀」讀書會及「聚・說」說書會的主要導讀人及說書人。「CHANergy潛能聚」是一個多元的夥伴式學習平台，致力於推廣「人脈×共享×夢想」理念，匯聚想要充實自我、勇於突破的人們，擁抱改變的可能。為此，我們正朝向大新竹地區「成人學習」首選品牌的目標邁進。「成人學習需要學習，潛能聚讓Learning沒有距離。」衷心期待透過「CHANergy潛能聚」交流活動，與保華及有緣朋友一起實現自我，共創未來！

自序

此書，書寫了我活了四分之一個世紀的生命故事，從我的過去、校園的生活、步入社會成為調酒師，然後開始了自我成長和學習的路程，到至今一個庸碌無為的作家。

我並不認為自己有資格能夠教些什麼給正在看此書的你，我也不認為自己文筆足夠好，但我認為自己是一個願意去分享的人，而我敢寫這本書，是因為這本書寫的是我自己的生命故事，我知道除了我自己沒人能講得更好了。

我想，寫這本書，收穫最大的其實是我自己，透過整理自己的故事，我更加的認識自己，了解自己。

這是我寫的第二本書，我寫的第一本書《邁向成功新生活》於二零一九年五月出版，再來就是你現在看到的這一本書。

我認為書就像是藝術家的作品，好比說，畫家會因為自己的人生改變和經驗的積累，而讓每一幅畫都代表著不同的意義。

我最喜歡的歌手是李宗盛，你會在這本書裡看到我多次提到他和他寫的歌，因為他的歌早已融入我的生活，當然也就融入了這本書。

李宗盛曾在演唱會說過：「我之所以繼續寫歌，是因為我知道大家聽我歌很多年，所以我要寫我人生能夠跟你呼應的，我覺得人什麼歲數就該寫什麼樣的東西。」

我聽著他的歌，從早期〈生命中的精靈〉、〈愛情少尉〉、〈鬼迷心竅〉，到近期〈給自己的歌〉、〈山丘〉、〈新寫的舊歌〉，從他的作品就能感受到他在生命當中不同階段的體會。

對我來講也是如此，我的第一本書《邁向成功新生活》就是我過去的作品，代表著我那時候的想法，我曾在新書發表會時提到，在我寫完那本書後，我的思想又不一樣了，畢竟，人是會成長的，文字就是記錄某個過程。

這本書也是一個作品，一個紀錄，除了自己的生命故事外，本書也談到了一些觀念和方法，好比讀書、演講、寫作和正念，這些對我的人生有著很大的影響，而我也常被問到相關的一些問題，所以我把其中一部分內容用條列式的方式呈現，為的是更清楚的與你分享我是如何去思考和行動的，而後面「生命」和「成長」的篇章，是以各章節獨立的方式談自己生命中的一些經驗。

本書涵蓋著我的理性和感性，這樣說似乎太過於深沉，那就當做是木訥寡言的我發的牢騷吧！

目錄CONTENTS

學習

目錄CONTENTS

寫作

分享

目錄CONTENTS

生命

成長

目錄CONTENTS

過去

往事並不如煙，
且歷歷在目。

小時候的夢想

小時候的我們可能多少都會有些夢想，然而這個夢想就是那個時候的想法而已，但年幼時的我們，總想著長大後就會完成那個夢想。

或許有些人堅持至今他的夢想從來沒有變過，在我國小的時候，我們學校有射箭隊，而且學校的射箭隊是非常有名也很厲害的，那時候我才國小三年級，就總想著玩體育，然後就試著去參加射箭隊，當時和同學一起去甄選，結果我個子不夠高連門檻都不到，算是無緣吧，但我的同學被選上了。

他加入射箭隊後開始勤奮的練習，直至今日他還是在這條路上，十幾年的時間沒有變過，在我們還是高中時他就成為一名射箭國手了。在我身邊這樣從小確定志向一路堅持的人真是屈指可數。

還有一位國中同學是學小提琴的，他國中時就很少來學校，因為他拉小提琴有特殊的天賦，而他的家人為了持續栽培他，幫他申請在家自學，所以很多課他不是在學校跟我們一起上的，他生活中大部分的時間都要拿來練小提琴，也算是個挺特殊的案例。

不過他也是在音樂這方面下了不少苦功，至今也算得上是一名年輕的小提琴大師吧。許多人都是從小做一件事，沒有變過，始終如一的就完成了自己的夢想，雖然可能都會有挫折和迷惘的時候，不過堅持也讓他們的人生亮麗精彩。

但是夢想真的就該始終如一嗎？

我想不見得的，因為我就不是對夢想始終如一的人，相信許多人也跟我一樣吧。我在高中時就曾偶然翻出自己國小二年級寫的作文，就是〈我的夢想〉，當時我寫的就是要成為一名消防員，不過寫完就忘了，因為那時候的我根本不知道自己要有什麼樣的夢想，只是為了交作業而想出來的點子，而會選擇這個職業來寫是因為學校曾有過消防推廣的活動，有辦些展覽，當時就覺得當個消防員應該還挺有趣的吧！

現在想起來，也並不覺得當時寫的可笑，畢竟成為一名消防員要受的訓練很多，而他們也是在災難中救人的英雄，只是那不是我真正想做的事情。

到了國小四年級，因為愛上打籃球，所以就夢想成為一名籃球國手，到了國中我又跑去練田徑，就想成為田徑國手，我也發現夢想在我人生的不同階段都不斷地在改變。

我的好朋友Jerry他常提起他小時候的夢想，非常的有趣，坦白講也不好猜想是什麼，因為鮮少有人當這是夢想。他想做的不是老師、警察、總統等等，可以說是完全顛覆我的想法，他想要當站在垃圾車後面的那個清潔人員，小時候的他就覺得站在那個位置很好玩，而且他還說雖然現在長大了夢想不一樣了，但若有機會可以體驗一下他還願意去嘗試看看，我倒是很期待看到他站在那邊的樣子。

關於小時候的夢想，不論我們是否記得，那都是我們的過往，我們曾經有過的想法，小時候的我們會有夢想，長大應該也會有，哪怕是不一樣的也沒關係。

我們都會隨著時間而改變我們的想法，我五年前跟現在的想法不一樣，三年前也是，哪怕只是半年前我的想法跟現在都有落差，這個變動很正常，你不是非得決定一條路就一直走下去。

真正重要的是讓自己有所選擇，當你有所選擇時，你的人生才有可能被你塑造成你想要的樣子。

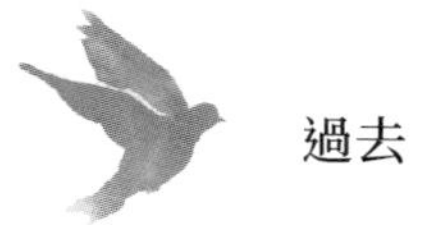

掃塵除垢，心存善意的小學生

我國小高年級時遇到了我的一位恩師，楊謹赫老師，楊老師後來出家學佛了，在法相山。他是一位影響我非常深的一位老師，特別是在內在思想上，他一直教導我們的就是「行善」和「利他」。

除了一些基本的數學課、國語課之外，楊老師在課堂上最常教導我們的就是關於品德的事，而因為他是學佛的，所以有很多生活中的佛法教導，像是我們打掃時，他就會和我們說除了外在的打掃外，更重要的是透過掃地來掃除我們內心的塵垢，你看多不一樣，我遇到多數的老師就是檢查你掃的乾不乾淨，而不是要你從掃地當中也有所學習，楊老師有時還會放佛典故事的動畫給我們看，佛典的動畫在我看來都深具意義且非常感人，到現在我不時還會去找一模一樣的影片來看，這也有可能為我日後結下了一段佛緣。

有次老師帶班上的同學們去學校附近的餐廳一起吃咖哩飯，從學校後門到餐廳這一段路程大概十五分鐘，我們有秩序的排隊前往餐廳用餐，回程時，老師說班上每個人至少都要撿到五個垃圾，帶回學校丟。

其實班上的同學都挺聽話的，我們都照做，不過當時的我就感覺到雖然只是為這個世界做那麼一點小事，我的心中卻有很大的歡喜，我樂此不疲。

回到了學校老師放了一段佛典故事的動畫，是周利槃特的故事，他天性愚笨，沒辦法

和其他的弟子一樣聽懂佛法和背誦戒律，世尊就教導他每天掃地，掃地時就唸著「掃塵除垢」。藉由打掃外在環境的髒污，他領悟到真正要掃除的是內在的塵垢，他便是這樣從掃地中開悟的。

然而那時候的我，學校下課都要去補習班，而通常我都是走路去的，距離大概是三十分鐘，不算太遠但也有一段距離，特別是要背著沉重的書包，那還真是挺折磨小學生的。走在去補習班的路上，我常想著楊老師的教導，讓我學到了沿路撿垃圾，我就常常這麼做，只要去補習班的路上就順便收集垃圾拿去丟。

我並不是想要誇耀我小時候多麼的有品德，而是這件事存在於我的內心當中，有時候我們會忘記小時候的天真善良，我長大後也在外亂丟垃圾過，以前抽菸時菸蒂也是亂丟的，說來慚愧，所以時常提醒自己心存著善意是重要的。

我也深信只是一個最小的舉動，就能讓世界有那麼一點點的不同，也許有時我們生活忙碌，我們難以把時間放在一直幫助他人或社會，但有機會就去做吧，只是一個順手那沒多為難的。

工作十七天

在要上高中的那一個暑假，很多同學都選擇去打工，我也有這個想法，就想半工半讀，那時候我找到了我的第一份工作，做的是披薩店。

剛開始上班時我覺得每一個時刻都很漫長，即使一開始一天只要工作四個小時，我都好想趕快下班，不過那時候也在想，說不定我撐個幾年成為店長，這樣或許也不錯吧！

但這份工作真的讓我十分挫折，東西都不太會弄，十分的迷糊，事情也做不好，印象中我們都要先做披薩的餅皮備用，有一次我忘了在餅皮中加發酵粉，結果餅皮發不起來就多加了班重做一次餅皮，那時候的我挺無助的，覺得自己來上班卻給人家添了不少麻煩。

我上班時也幾乎不太會說話，上班到下班我可以跟同事講不到五句話，完全沒辦法融入工作，非常的不自在。

這份工作我只做了短短的十七天。

也是那時我才覺得，原來工作並不那麼容易，有很多要學的，也因此我就有一個感受，覺得爸爸媽媽賺錢好辛苦，額外多想的就是我連個披薩店打工都做不好，連一個月都做不下去，我未來到底還能做些什麼，我開始對自己的人生感到迷惘。

為了牛排大餐的犧牲

就在我迷惘時，我仍然想要繼續著半工半讀的生活，可能是因為工作多少能賺些錢，對於不愛念書的我來說，打工相較之下有趣的多。

於是我去找了我的第二份工作，我去了火鍋店上班，當時兩個主管面試我，只是簡單問了幾句我住哪裡？然後要怎麼來上班？再敘述一下工作內容，就錄取我了，很快我迎接了人生第二份工作，這時也才十五歲。

到了火鍋店上班，這次同事比較好相處，很快的我們也可以玩在一起了，縱然我仍然很少說話，不過我們下班都會在店裡一起吃火鍋，吃飽了再回家，有時下班了還會一起去逛夜市。

想起那時候每天吃火鍋的日子真的是非常的瘋狂，我每天都是狂嗑肉，畢竟店裡沒有規定我們要吃多少，所以有肉就是狂吃，當然不是什麼食材都可以拿來吃，不然早就倒店了，我們火鍋店切肉大致上都會留有一些切下後不適合擺盤的肉片，那就是我們的員工餐了，而我經常就是一個火鍋煮個三大盤的肉，什麼肉都給他放下去煮，真的是典型的肉食主義者。

這樣子的日子大概過了兩個多月，我才感覺吃肉吃到有點怕了，於是開始吃些青菜豆腐或是弄個藥膳的湯頭，還找了些湯的食譜，有一個我印象深刻的就是大黃瓜皮煮的湯，這是從書上看到的，店裡用到的大黃瓜都要去皮，那個皮其實是可以拿來煮湯的，對身體很好，我就常常這麼煮。

這份工作算是做的比第一份開心的許多，甚至是樂在其中，本來我是做外場的，後來還被叫到廚房去幫忙，於是就學到了「打菜盤」，意思就是把火鍋會用到的菜削好然後擺在盤子上，再放上火鍋料，這可不是隨便亂擺就行了，有一定的順序和步驟，不僅如此，還要美觀，需要不斷練習。

我們同事之間甚至會比賽一個人一次可以拿多少菜盤，一般來說左手兩至三個右手一個就很厲害了，不過我一個一個增加，把左手邊的菜盤越疊越高，五個、六個、七個，客人看到已經覺得很誇張了，都快疊到我的下巴了，不過那時我仍然持續的挑戰並超越自己，到了十個已經到頭頂了，一樣持續的超越自己，直到最後我的紀錄是一次拿十三個菜盤，連路都快看不清楚了，絕對可以堪稱是馬戲團等級的。

還有一次是比較有趣的，我和同事打烊之前會刷廚房的地板，因為每次洗地板都會把褲子衣服弄得濕濕的，穿短褲也是一樣，我就開玩笑和同事說：「既然刷地板褲子都會濕，幹嘛不直接穿泳褲來上班就好了？」哪知道我同事聽了竟然想激我，跟我說：「好，有種你穿泳褲來上班，我請你吃牛排！」

年輕人就是太衝動了，被激了一下，我就想試試了，隔天上班，我穿了泳褲，騎著我的腳踏車去店裡，坦白講，泳褲穿在路上也就像是跑步的束褲罷了，沒什麼引起路人的關注，不過我在進店裡前還加碼了一下，打了個領帶，然後戴上蛙鏡，想說要糗也就玩大一點，反

正丟臉一次也有牛排吃，要進去前我打了通電話跟我同事說：「你現在出來，給我看好！」一進去其中一位同事大聲鬧著說：「先生，歡迎光臨！裡面請！」我就真的穿著泳褲上班直到打烊了，而我的同事也兌現承諾請了我吃一頓牛排大餐。

這份工作很開心，不過了也沒有做得很久，大概半年左右，那時的我也越來越叛逆了。

把生活泡在酒裡

在我國中三年級時交了一個女朋友，我們是不同學校的，能碰面的時間也很少，我們幾乎都用即時通在聊天。

我國中時學校下課都還要去補習班上課，在去補習前的休息時間我就會去網咖，去網咖不是要玩什麼遊戲，而是要用即時通和她聊天。

我也把每天的零用錢省下來，就是為了去打網咖，零用錢不多，還要吃飯，所以我的晚餐經常是十塊、二十塊的麵包或科學麵來打發。

比較特別的是那時候我們都會寫書信來交流，縱然即時通聊得已經夠多了。藉由補習班的同學一來一往的我們交換了許多的情書，還記得那時候還學著怎麼折信紙。

不過這段戀情，只維持了不到半年就分手了，可能沒什麼失戀的經驗，也不會處理自己的情緒，對此我深受打擊，一蹶不振，我開始喝酒，應該說是酗酒，是非常嚴重的，可以說是把整個生活泡在酒裡，一天到晚都是醉的，也因此交到了一些酒友，半夜時我就會偷溜出門去找朋友喝酒，通常就是湊了點錢買便宜又容易醉的酒，除了保力達是家常便飯，我們還會喝米酒頭或是高粱，縱然味道不是很喜歡，只要喝得醉就行了。

不只晚上會喝酒，連白天去上課都把米酒裝進水瓶裡喝，印象很深刻的就是每次下課打開瓶蓋時，周遭的同學感覺都被酒給醺暈了。

當時才高中一年級的我，就覺得人生好像沒有希望，我只能用喝酒來麻醉自己，坦白說，可能即使沒那麼心痛了，我也已經習慣了這樣喝酒的生活。

和朋友們在一起，喝酒、抽菸、吃檳榔這些都是日常，也會跟著當時有摩托車的朋友們一起出去，常常我們聚在一起就是十多台的機車，人多起個鬨我們就會去飆車，當時就覺得這樣很屌，很威風。

前面提到有在火鍋店打工，其中有一位同事，也是朋友，跟我一起在火鍋店工作的，年紀跟我一樣大，叫做阿剛，下了班他就會騎摩托車載我到處晃來晃去，而我人生中第一次去PUB也是他帶我去的。

每天下班我們就會去打混，還會經常喝酒，甚至一喝還會到天亮，那時挺敢玩的，放學就去上班，下了班就去玩到天亮，然後再去上學，為什麼有辦法這樣玩呢？我覺得體力好是其中一個重點，而另一個就是在學校補眠了。

當時的我碰上感情的問題，開始叛逆和酗酒，也讓我走向一個混亂的人生。

行動兵器鋪

真的可以說這是一個非常混亂的人生，一般來講我們現在看到的屁孩通常在學校都挺高調的，都要讓別人知道他很大尾才行，但那始終不是我的性格，所以我挺低調的，在學校很乖，不犯校規，應該說我是默默的犯了意想不到的校規，所以從來也沒被注意，總是不為人知，畢竟攜帶刀械去學校，得要很小心。

怎麼回事呢？

那時我會去買西瓜刀、開山刀還有武士刀，帶去學校賣，因為那些學生沒有貨源，想要買刀就會找我，而我一轉手可以賺一倍，會來跟我買的大部分是別班的，都有在玩些宮廟陣頭，不知道買來要幹嘛，可能就是感覺很炫，高中生拿個開山刀通常也沒人敢動吧！

當然也有真的拿去砍人的，那我管不著，我就是當個行動兵器鋪，專門賣刀就這樣，賣刀前我也會示範，拿著開山刀輕輕鬆鬆就刺穿寶特瓶，效果是很好的，大部分人都會吃驚，覺得是把好刀。

這樣可以當我還算有做生意的料吧。

不過完全都沒被抓到過嗎？

刀械究竟怎麼攜帶進學校的呢？

其實還真的沒被抓過，高中一二年級的時候我是搭校車的，然後因為刀子特別的長，放在書包一定會被發現，所以我上學時都會帶著一把黑色的大雨傘，然後就把刀子夾在雨傘的裡面，看上去很稀鬆平常，所以完全沒有被發現過。

我一般上學也是挺乖的，不過有時候還是會在學校打架，打架也從來沒有被抓過，因為我打人都是在自己的教室裡面打的，正常來說打架會約到廁所之類的地方，越少人看到越好，不過就我的觀察，在教室打人才最安全，前提是你跟班上的人都處得很好，做到沒有人敢去告密，所以要打人我都把人找來教室裡。（這個不要學）

寫這些東西並不是要教人學壞，也不是講以前自己多麼的風光，不過就是我想揭露自己鮮少有人知道的過去，又或許哪天有什麼導演或編劇看到了當成電影題材也說不定呢。

既然要寫，那我也不會太多的保留，還有許多事可以和大家談。

十八歲時，我便買了人生第一台摩托車，我買的是打檔車，雲豹150，為什麼想買打檔車？因為有位朋友叫阿夢，他以前騎小雲豹，就是125CC的小檔車，給他載過就覺得騎檔車的感覺很棒，有換檔和一種加速的感覺。

以前流行改摩托車，我的也有改裝，弄了一支超級大聲的排氣管，在那時候應該是全校最吵的一台車了，上學進校門時，大家都知道我來了。

然後由於車子非常的吵，我都沒有停在家裡地下室，況且我有另一台車可以代步，於是我那台雲豹就給當時一位好朋友山雞騎，大部分都是他在騎我的車，他也還沒有滿十八歲，沒有駕照也不能牽車，有一台車給他騎他也很開心的。

他也是我練調酒的朋友，所以經常碰面，吃喝玩樂都是一起，過去我們還經常坐火車去中壢練習花式調酒，甚至打架鬧事也都是一起的。

有次挺好笑的，山雞班上的同學被一群屁孩學弟欺負，然後找了我去幫忙，中午吃飯時間，我就到他們班的外面，屁孩學弟們還真的來了。

一開始先聽他們怎麼喬，後來那群學弟就開始報別人的名號，聽一聽，原來他們跟的大哥是我的好朋友，我就和他們說都是認識的就不要來亂了，不然現在我打給你大哥。

屁孩學弟們知道不好惹，就撤退了，隔天遇到他們，還特別來跟我們道歉。說不好意思，昨天是個誤會。這也被山雞班上的同學知道，他們就把我當英雄一樣的崇拜。

這些事如今想起來也是挺好笑的。

還有一次不曉得為什麼，我就被隔壁班的同學嗆：「跨啥小？」我超生氣，因為我根本沒有怎樣他就來找我麻煩。

我就直接揪他輸贏，我去隔壁班，他們有二十多個人把我包圍，但其實我是不怕的，因為對於我來講就是一群屁孩學生，我直接嗆他：「幹你娘！你學校人很多是嗎？校外喬啊，看你要弄到你家，還是弄到警察局啦！」

他可能嚇到了，就語帶緊張的跟我說：「那現在要怎麼處理？」

我跟他說：「道歉！」

他可能也不想惹事，就直接跟我道歉了，雖然我只有一個人，不過我的氣勢絕對遠遠的

壓過他。

結果因為人很多，這時候隔壁班的班導師走過來介入，後來老師罰我們兩個寫悔過書，他也因為在學校內聚眾被記過。我沒被記過，但悔過書仍要寫，就是寫以後有這種狀況要跟老師報備這樣，不能再私下處理，當然，其實就是做做表面。

其實許多老師知道我在校外的事情，但也因為我在學校還算尊師重道，所以對我的寬容也是比較多。

高中三年級時，我還被同學選上當副班長，副班長主要是負責紀錄遲到和曠課的，我很清廉，自己遲到也會記自己，當時我的班導師對我也挺好的，我請假只要傳個LINE就行了，也沒被老師罵過。

因為曠課被罵只有一次，那次宿醉去上學酒味太重，一進校門口就被教官攔住，教官也對我挺好，沒有記過什麼的，就命令我回家睡覺，但那天昏昏沉沉忘記和班導請假，就被唸了一下。

這就是一些高中時經歷的，和一般的高中生不一樣，比起來真的複雜許多。

一夜毀十八車

過去和朋友喝酒後就經常會鬧事，除了打架、飆車、挑釁警察外，還搞了一堆事，曾經還跑到學校裡拿滅火器從頂樓往下噴。

有次在便利商店外喝酒吐檳榔汁，結果店員請我們不要亂吐檳榔汁，因為他要清，只不過是跟我們抱怨了一下，我們就開始每天一群人去那間便利商店喝酒，然後吐更多的檳榔汁，店員到後來一見到我們過去就趕緊拿關東煮的碗來給我們裝菸蒂跟檳榔汁，而且還是一人一個。

不過影響我最深的，就是砸車事件。

雖然那也不是我第一次砸別人車，過去我跟朋友就曾在路邊砸過幾次車。

那天晚上，我和幾個朋友一起喝酒，喝的很醉，然後開始起鬨，我們就去砸車了，那天，我們四個人沿路看到車就砸，砸了幾台其實我們也不知道。

直到一個星期後，我們被警察抓到了，這件事也上了新聞，新聞報導我們一共砸了十八台車。

那不是我第一次進警察局，但那一次我很緊張，才發現說事情搞大了，我內心一直在想的就是那麼多車，要賠多少錢……

這件事情也被學校知道了，學校給我兩條路選擇，第一是退學，等學校開會，把我開除，最快三年後才能再回來讀，第二是我自己休學，自行休學一年後我能再回學校。

我選擇了自己休學，那時候離開班上我很難過，因為我才剛和同學們融入，我才剛喜歡去上學，我也才正接觸到花式調酒，但事實就是我犯了錯，我該受懲罰。讓我感動的是在我離開學校前，一些同學和老師還寫了一張大卡片給我，在後來我的人生中不時會回顧當時老師和同學寫下的話。

離開學校，我還有民事和刑事上的責任。

還記得，開庭的那一天早上，法院裡面都是人，吵吵鬧鬧的，然後有人說：「砸車案件的人進來！」一群人進了法庭。

被害的車主們，開始一個一個站起來報他們修車的金額，一面玻璃大概幾千塊，車子不一樣的關係，有的金額高有的低，加一加我們總共要賠的金額是十幾萬，由於當時未成年，是我父親跟我一起開庭的。

當時我的父親很沉默，他拿了錢出來賠，沒有多說什麼，他沒有斥責我，我知道他很難過，我看了心也挺痛的，我在想我闖的禍竟然還要讓家人來收拾。

開完庭，要離開法院時，竟然還有幾個被害車主來安慰我們，說你們還年輕，犯錯了就好好反省和改變，回去以後要乖，別再讓父母們擔心了，犯錯難免，「改」就好。

當時我們未成年，都被判了保護管束，沒有被關進監獄，就是定期要去法院報到。

這件事情過去了那麼多年，有人問我後不後悔，坦白講說不上後悔不後悔，但沒有當時的那個自己，也不會有現在的我。

這麼說，不表示我認為我沒錯，我確實錯了，但與其說後悔，我得了一次教訓，也漸漸離開那個很負面整天愛打架鬧事的我，開始一點一點的改變。一年後，我復學了，復學後也更加珍惜學生的生活。

我很對不起車主們，也很感謝他們的原諒，我很對不起我的家人，也很感謝他們沒有放棄我，我很對不起我自己，但也感謝自己能面對過往的傻事，並改過成為更好的自己。

同時，我也慶幸自己並沒有犯下更糟糕到無法挽回的錯，我慶幸自己沒有付出更慘痛的代價才學到教訓，這樣足矣。

混酌

酒吧裡，
混是融合，
酌是飲酒，
調酒師是靈魂，
酒是故事。

我接觸到調酒

我接觸到調酒是在高中時期，讀觀光科就有教調酒，不過因為高中生未滿十八歲不能碰酒，所以只能紙上談兵的學習一些理論。

不過當時學校有花式調酒社，有次看了一位老師在學校的招生表演，我就覺得好酷、好炫，那我也來加入練習好了。

加入了花式調酒社，我們每一個人就拿一支花式調酒瓶開始練習甩瓶子，不過剛開始練還真的挺難的，一直受傷，學校的同學們也是三分鐘熱度，還不到兩三個月大多數的同學都放棄了，我剛開始也是，練一練就放棄，一停就是一個學期。

直到高中二年級時，我才又選擇花式調酒社，這次想說好好練，剛好也換了一個老師來教，這個老師非常厲害是國際級的，拿過非常多世界級比賽的名次，我覺得教得很好，後來知道這位老師在中壢還有開班授課，我就決定來去跟他學習。

那時我就把打工賺到的錢存起來，去報名上了調酒課程，然後每個禮拜的假日就坐火車去中壢學調酒，第一次走進一個專業調酒的酒吧，我看到琳瑯滿目的酒類，覺得十分的有趣。

這也是我學習調酒知識的開始，那時候也喝到了各式各樣的烈酒和調酒，不過以前我比較喜歡花式調酒，於是上課並沒有很在乎知識，就專門把丟瓶子練得很厲害這樣。

這一練也就好幾年的時間，後來表現的還不錯，也常常得到代表學校出去表演的機會，也是那時候我開始喜歡舞台，後來甚至去比了一場比賽。

飲料調製比賽

這不能算是一個調酒比賽，因為內容是要調製無酒精的飲品，這個比賽是我當時的班導師蔡敏老師要我去參加的。

於是我就去聽了賽前的說明會，比賽一共要調製兩杯飲品，一杯是指定的飲料，而另外一杯是創意的，可以自由發揮，當時的我毫無頭緒，但是我很喜歡百香果的飲料，就一直往這方向去思考。

至於為什麼喜歡百香果，可能那時候就是青澀了點吧，喜歡酸酸甜甜的滋味，縱然現在不太喜歡百香果的飲料了，但有曾經喜歡過的回憶也是挺好的。

比賽的季節不是百香果的產季，而我非常想要用新鮮的百香果來做，於是先去問了一位在水果攤工作的朋友，不過他還罵了我一頓，說：「你是豬頭哦，現在哪裡找得到百香果啦！」

不過我的調酒老師卻跟我說，有果農是一年四季在種的，你可以再找找，所以我沒有死心，又去問了一個做飲料店的朋友，他說一樣沒有新鮮的，他們的百香果都是在產季叫來，然後切好挖出來再拿去冷凍的。

碰上了挺多的困難的，在這尋找百香果之路。不過我竟然非常意外的在家樂福逛到，有百香果，說來也挺好笑的，找了那麼多門路，卻在最以為不會出現的地方發現了。

因為比賽還有一個項目就是要整體的呈現，不能單單只是一個飲品而已，還要有背景才行，而且這個分數還挺重的，對於美術和設計這類很不在行的我，實在想不出什麼好辦法，我真的是絞盡腦汁，卻還是毫無頭緒，後來得知，我的阿伯有種百香果，雖然產季過了，沒有果子，不過他的枝葉卻還是在的，我靈機一動，就想說把枝葉砍下來當最天然的裝飾就好了。

這是我的第一場比賽，我在每一個細節都非常的用心，最終得了第三名，坦白講，當時我對這個名次很不滿意，我甚至覺得評審老師很不專業，即便現在看來也確實不是專業的，因為那些評審老師都沒有相關的業界經驗。

不過過了也就算了，印象深刻的是當時的第一名還跑過來喝我調的飲料，還覺得自己輸了呢，這對我而言就是一個很棒的回饋，說起來我後來進了業界也沒什麼比賽，所以這對我而言真是一個非常特別的體驗呢。

未成年的調酒師

在我高中休學一年的期間，我就去做調酒師了，踏上了業界，那時候才十七歲而已。雖然是調酒師不過並不是在酒吧工作，而是餐酒館。踏入業界前，我的夢想就是要成為一名調酒師，感覺成為調酒師就好像成功了，但其實不然，真正的困難和挑戰也才開始。

說起來那時候面試才讓我緊張的很，我根本沒有業界的經驗，只是上過幾堂調酒課然後就去應徵了，當時面試我的主管，在現場要考我七杯調酒。

他就把酒單開了出來讓我進去吧檯裡調，我當時帶著一本調酒的書，然後就硬著頭皮上了，一邊看書一邊做，在極大的壓力下我還是完成了六杯的調酒，雖然做得並不怎麼樣，還把吧檯弄得一團亂，不過終究還是贏得這份工作。

在那間餐酒館能做到調酒的機會比較少，客人大多都不是會喝調酒的，來吃飯的最多，其次是喝下午茶的客人，再來若有喝酒那點紅白酒的比例也比較高。

在那裡我並沒有什麼精進自己的調酒知識和技術，那時也沒有個方向要怎麼做，不過有一點我倒是真的挺吃虧的，那就是不會溝通和聊天，跟同事其實也沒辦法互動，這其實在許多工作上我都碰到這樣的問題。

在壓力和挫折之下，我工作的狀態就非常的不好，每天上班也都不知道要做些什麼，就一直站在吧檯晃來晃去，我內心的想法並不是想要偷懶，我是很想要找點事情來做的，但我不好意思開口問，也不知道該怎麼互動，就非常的不自在。

到後來我是被開除的，只做了一個多月，老闆是一個生意人，他認為員工不適合就換掉，沒那麼多時間給你適應。我覺得也挺合理的，畢竟是我表現不佳，不過當時的我並不是這樣的想法，我認為我挺可憐的，好不容易找到一個自己夢寐以求的工作，卻做的不好而失去了它。

這份工作我做的並不理想，不過很有價值的就是真正的開始業界這條路，而履歷上也多了個經驗，其實也幫助了我走向下一份吧檯工作。

逆境中求生存

後來我有做到一個吧檯工作，是複合式餐廳，因為複合式餐廳是自助式的，所以我們吧檯主要的工作就是切水果盤還有準備飲料和甜點。

在那邊工作是挺快樂的，因為當時和我最好的兩個朋友一起上班，每天上班都像是在玩，不過我工作時的動作是很慢的。

有一次我們的甜點要準備冰淇淋，就要先把冰淇淋一球一球的先挖好放在甜點碗裡備用，一次要挖個六十球的冰淇淋，數量多我的動作又太慢，冰淇淋還沒挖完，我前面挖的冰就已經慢慢融化了。

當時我的主管看到這個情況，就把我叫了過去，然後他就把我帶到店裡的大型冷凍庫，那可是低溫負十八度，他就要我在裡面挖冰淇淋，因為在冷凍庫挖冰淇淋，冰當然也就不會融化了，可是我們人待太久可是會凍傷的，他也陪著我進來了，他跟我說：「我也會陪著你直到挖完冰淇淋，你在這弄多久，我就陪你多久。」

當時我們兩個都還是穿著短袖的，因為太冷了，非常難受，我就使勁全力的去挖冰淇淋，當然比平常快的要多了，只是太冷手的動作自然會變緩慢，但顧不了那麼多，趕快挖完趕緊出去才是。

結果最後我花了十分鐘把全部的冰淇淋給挖完了，而當時我的主管也跟我說：「有時候我們人在逆境時，為求生存才會把我們的潛能給逼出來，讓我們成長。」

隔天我們兩個都感冒了，不過那一次的經驗讓我非常的感動，除了對於他的教導我萬分感謝，另一個我看到的就是他陪著我一起進來，而不是把我一個人丟進去冷凍庫，這樣身體力行的領導也讓我每次回想起來都覺得感動，到後來我在一些演講當中都還會提到這件事。

在那次之後，我受到了啟發，我開始想在工作上面挑戰自己，我自己就拿了一個計時器，然後我每切一盤水果我都要求自己更快，不斷突破自己。

現在回想起來這個經驗還不時會激勵我想要挑戰自己。

把不可能變成可能

調酒師是一份挺有趣的工作，在酒吧裡也流傳著許多的故事，好比說：「白天人們治療身體上的病痛會到醫院，到了晚上人們治療心靈的病痛，就會到酒吧。」就是一個「酒到病除」的概念，所以酒吧就像是醫院，而我們調製的酒，就好像是處方箋，必須要對症下藥，如果弄得不好，他的病情很有可能惡化的。

一個酒吧的靈魂人物就是調酒師了，而調酒師這個名字也是有故事的，最常聽到的就是Bartender，Bar其實指的是用來放酒的長形木板，因為是木頭做的又稱為枝椏（指樹木旁的小枝條），而調酒師就站在這個木板的旁邊，因而產生了Tender（溫柔），合起來就是Bartender（溫柔的枝椏）。

據說在歐洲調酒師又被稱為Bar keeper，是酒吧看管者的意思，調酒師看管酒在橡木桶的熟成，同時也看管著顧客在酒吧時靈魂的熟成。

還有一個名字是Mixologist，意思是將不可能變成可能，怎麼說呢？Mix是混合之意，而調酒師混合的不只是飲料和酒，還得混合讓人喝下酒的環境跟音樂，更重要的是混合人與人之間的溫度，而當這一切都對了，喝下酒的那瞬間便會感動人心，這份感動是永恆的，把剎那化永恆，就是把不可能變為可能。

有客人曾經和我說：「一個酒吧裡有這麼多的酒，你要每種酒都去記名字和風味，甚至是產地感覺好困難。」

而我們剛接觸到酒類時，認識酒的方式就是把酒當成人來看，一支酒的名字就好像一個人的人名一樣，而酒的產地就是這個人來自於哪裡，酒的味道就好像這個人的個性，有酸的甜的苦的，也有濃的淡的，而我們就是要把這些酒都當成是自己的朋友，對他們放感情慢慢的就能更了解他們了。

我在酒吧工作時，常會遇到一些客人出的難題，點一些關於心情和感覺的調酒，失戀、戀愛這種其實是很常見的啦，我就來分享幾個比較有趣一點的。

有個客人曾跟我點過一杯要日本武士的感覺，當時我就用了日本的武士威士忌，搭配日本的梅酒，使用日本的瓷器來呈現，不僅如此還用日本的雪克杯來搖酒，手法也是用日本調酒師的搖酒方式，有些日本調酒師搖酒時會把眼睛閉起來搖，因為他在想像自己是雪克杯裡其中一顆冰塊，然後感受冰鎮和融合的瞬間，這對於他們來講就是一種武士的精神。

還有個客人跟我點過硬漢的滋味，我覺得這杯很有意思，根本是超級硬漢，我用了大雕藥酒為基底，還打了一顆生雞蛋，整個放進去，那客人喝完後跟我說，早知道先強調是要美國的硬漢了，這種太中式了。

有次還有一群客人幫他朋友點一杯戴綠帽的感覺，我先說我不知道那是什麼感覺，他們就說沒關係，酒是綠色的就好，我就調了整杯綠綠的酒，上桌前客人的一群好友整個歡呼，客人感情挺好的，只是究竟是好友還是損友我就不知道了。

有些人一生可能都沒踏進酒吧一次過，其實酒吧是很有趣而且有許多故事的，如果你沒有到過真正的酒吧，我建議你不妨嘗試一下。

許多沒去過酒吧的人常會覺得酒吧好像總是拒人於千里之外，甚至有些酒吧還特別的隱密難尋，就拿我過去工作的酒吧來說，名字是BAR SPEAKEASY，我曾找過一個翻譯，把它翻成「非法經營」，但其實Speakeasy是「輕聲細語」的意思，源自於美國以前實施的禁酒令。

禁酒令的時期，是不能製造、販賣酒的，當然也不能公開飲酒，然而這卻敵不過政商名流對酒的喜愛，因而造成當時的地下酒吧氾濫。

而這些地下酒吧，為了要躲避稽查員的徹查，就把酒吧開的相當隱密，甚至要經過重重的關卡，而到最後一個關卡時，會有一個看門人員，要你輕聲細語的說出你是誰，確認不是稽查員後才會放你進去。

現在Speakeasy已經成了酒吧的一種風格，就是開的隱密酒吧，而酒吧雖然看起來像將客人拒之門外，但當你推開酒吧的那扇門後，就到了另外一個世界，而在這個世界裡，人們是被受保護的，可以來這分享你的心事。

吧檯的檯面之所以厚重，也是為了承載顧客的心事，雖然不是每一個來到酒吧的客人都是悲傷的，但我們調酒師要做的，就是起碼讓客人要離開時，比推開門進來之前還要再快樂一點。

背後的苦功

這份看似給人們帶來歡樂的工作，卻也有些不為人知的辛酸，一個調酒師要能夠獨自站在吧檯調酒，服務客人，需要經過重重的考驗。

我們最開始工作時，什麼也不能做，只能在旁邊觀摩，就是看著調酒師在酒吧裡到底在做些什麼，再來就是做一些基本的清潔工作，這就要一段時間，由於這段時間在吧檯什麼都不能做，也就會習慣了什麼都不做。

我也是這樣來的，而在習慣什麼都不做時，問題也來了，即便什麼都不做一樣會礙事的，尤其會擋到調酒師拿酒或是器具，因此我們要學的第二件事，就是不要擋住調酒師的動線，這需要許多的察言觀色，因為你必須知道調酒師要拿的東西是什麼，你才能讓出他要的動線來。

等到習慣了不妨礙到調酒師的動線後，才能開始幫助調酒師準備他要的材料，這個時候才算是真正的吧檯助手。

不過雖然是吧檯助手可是也不能小看這份工作，因為實際上這份工作比調酒師要做的工作還要難很多，必須聽到客人點了什麼酒後，就知道要幫調酒師準備什麼東西。

如果你有機會到酒吧，看到吧檯助手，你可以觀察他，會發現一個好的吧檯助手要做的事情非常的多而且繁雜，組織流程和動線的能力也要很強，一個吧檯助手做的好，那調酒師甚至不需要離開調酒的檯面去拿任何一瓶酒，因為材料馬上就會被送到檯面上來。

除此以外，我們的技巧也是需要不斷練習的，倒酒的動作不僅要華麗，倒的量也要精準，這都是得自行練習才能進步的，我也是回家苦練我的一些動作，尤其是調酒時會用到的攪拌法。

攪拌法看似簡單，但實際上非常不容易，因為我們吧叉匙的匙背必須要沿著攪拌杯內側的杯壁去旋轉，這樣我們才能用手指不斷推拉來讓吧叉匙能夠不斷地轉動，這個技法我當初練的時候每天都要半個小時，甚至還練到手指都被吧叉匙的螺旋紋給磨到流血。

不單是調酒相關的工作我們需要練習，服務客人也是相當重要的，剛開始時我碰到的最大困難就是聊天。

大多數人覺得調酒師都要很會聊天，我也曾經這麼認為，也因此我碰上了許多與客人互動方面的挫折，我的個性太過沉默寡言，跟陌生人互動又更難了，所以我做得也挺挫折的。

以前在酒吧上班時，我還會時不時就走到廁所偷偷的哭，因為覺得受挫後的每一分秒都太難熬了，然後幾分鐘後，我又把眼淚擦乾，要笑著去面對客人。

其實也是後來我才知道，原來我會如此挫折並不是因為當時碰上了什麼難題，而是因為我把調酒看的很重，當我很用心很努力卻還是做的不好時，我就會覺得很難過。

現在過了那段時期了，也明白調酒不是我人生當中的全部，明白了這點，反而我也更能樂在其中。

爆肝的人生

上一篇剛談完了調酒師的甘苦，再來要講到我在菜市場賣水果的那段日子，為什麼會跑去市場賣水果呢？

那時候就是幫酒吧裡的一個股東，他是在市場賣水果的，因為缺人手，我也就去幫忙了，而我調酒師的工作一樣是在職的，只不過就多加了一個市場的工作。

在菜市場工作的時間是從清晨兩點半就開始，一直做到下午的兩點，結束後還要去送貨，貨送完了才能夠回家，這工作還真非常的累人，回到家基本上也沒什麼體力做別的事情，大概洗個澡就馬上要睡覺了，睡覺的時間也特別的早，下午四、五點就得休息。

那時候連跟朋友出去喝酒都是奢侈，才沒有那個體力和時間，不過我也看到市場裡有許多的老人家在做生意，我也挺佩服他們的，因為工作時間那麼的長又要耗費許多的體力，年紀那麼大了怎麼就受的了，也許就真的為了賺錢維生吧。

菜市場已經挺不容易了，那時候可還有在做酒吧，所以有時市場下班後，下午五點睡覺，沒多久就得起來去酒吧上班，酒吧下班了再去市場上班，現在回想起來就覺得真是一個非常可怕的循環，常常累到站著或是走路時都在打瞌睡，哪怕菜市場是那樣的吵雜，疲憊依然能戰勝噪音的。

不過在市場我也算學到了不少，而最大的突破就是叫賣了，尤其是我們快要收攤時要盡可能把貨都賣出去，就得大聲叫賣：「芭樂一斤二九！二九！」、「水果通通特價便宜賣！」。

而且市場內也同時有好幾攤賣水果的會叫賣，你不夠大聲還不行呢，所以菜市場每到要收攤時都是最吵鬧的時候，而且還一定要比大聲才行。

除了叫賣外，還學習到一點做生意的技巧。做生意真的是很講究誠信的，我的老闆在幫客人挑水果的時候，一定都是拿品質好的給客人，有時候東西太普通或是客人挑到不是很好的，還會叫客人不要買。

我也從老闆娘身上看到很感動的事，就是無論如何她總是笑臉迎人，我自己在那邊上班，我其實經常是愁眉苦臉的，因為覺得又熱、又髒、又累，可是當我看到老闆娘依然對客人有說有笑時，好幾次也鼓舞了我，讓我也感覺到即便在那裡，我們依然可以選擇快樂一點，多一點的微笑也行。

大學不念了，為了更好而離開

我大學讀了一年就休學了，休學看似一個不是很好的決定，畢竟現在大學學歷某種程度上還是很重要的，但是我無法忍受大學時的自己。

我大學的時候，念的是旅館管理，因為旅館管理系跟調酒比較有相關，我也加入了調酒社，調酒社裡還細分了傳統調酒、極速製酒、花式調酒等項目，我本來選擇的是極速製酒，也就是在調酒中能夠快速製作調酒的流程，這考驗著熟練的手法以及吧檯工作的組織能力。

然而加入後，這門項目卻沒有開課，反而讓我練花式調酒，在當時我的花式調酒技術已到了一定的水準，雖然說不是到很厲害，不過並不是我想要去更精進的方向，所以我也就沒有再去調酒社了。

在大學的時候我曠課非常的嚴重，我挺常酗酒的，半夜就會喝酒喝個爛醉，然後白天就在宿舍睡覺，剛開始的幾次沒去學校還會有點罪惡感，但後來也逐漸習慣了，上學期我曠課了一百八十九堂，下學期我不到兩個月就超過這個數字了。

我也知道這樣下去根本不是辦法，既然沒有心想要繼續把大學給念下去，那也不要浪費時間了，於是毅然決然的休學。

當時大學系主任一直想說服我讀下去，而用的方式總是說大學畢業後可以爭取到去什麼地方工作，然後可以領到三萬塊以上的薪水之類的，我並沒有很在乎，因為我當時已經有想

要開店的想法，所以認為業界經驗和實際的賺錢才更重要。

其實到了二十五歲左右，我的一些同學都沒有做本來相關科系的工作，有的去賣車、有的做保險，僅有極少數人在旅遊或是餐飲業，然而旅遊和餐飲入行的薪水其實並不理想，因為許多的工作即使是大學畢業薪資依然不高，我曾在飯店當過調酒師，我不太會英文，可是我的薪水跟大廳櫃檯的主管一樣高，遠超越一般櫃檯的人員。

這是我和飯店的同事聊天後才知道的，剛開始我也嚇了一跳，後來才發現，原來飯店認為會英文的人很多，這根本沒什麼，到處都能請得到，然而要具備調酒相關的專業經驗，是更難找的。

我不曉得在其他的縣市是否如此，但從新竹地區要找一個專業水準的調酒師確實很不容易，因為訓練有素的人太少了，尤其新竹目前有許多的知名店家，他們的調酒師也根本不是新竹人，而正是因為新竹缺乏這樣的人才卻擁有這樣的市場和需求，他們才從別的地方來做。

不過現在大學對我而言也並不是沒有用的，因為我後來接觸到許多的教育和培訓相關的行業，發現讀大學某種程度是很有用的，好比說，心理諮商的一些認證，或是Teach For Taiwan「為台灣而教」這是一個培育偏鄉教育工作者的培訓計畫，而最基礎的門檻就是要大學畢業，所以有的時候也卡在這，許多我想做的事連資格都沒有。

再來就是學校所教授的內容大多數是很科學的，也是比較硬的知識，一般人可能會認為

這些硬知識並不實用，即便讀了也沒啥用處，但我後來看一些學術上的研究跟自己要產出一些文章時，我發現我們碰到的許多問題都要回歸到根本的科學，例如，投資理財這方面的問題，回歸根本的話就可以從經濟學的角度出發，而經濟學的理論不符合市場的現象時，又可以回歸到心理學做出解釋，那些底層的知識就是如此，表面上用不出來，不過最終都會回歸到學術和實驗上的研究。

教科書的內容其實都是要經過實驗證明或是許多資料和數據去支撐的，而且有辦法經過「證偽」的過程，但我後來所學習到的很多都是偽科學，例如：NLP神經程式語言學。這是一門關於心理學和溝通的技巧，許多的成功人士都懂得此技術，可是這門技術卻沒有辦法經過證偽，每個人學習後用出來得到的結果並不會一樣，並不是說不能經過證偽的資訊就不對，只是如果像我們寫作和演講時，要在邏輯上站的住腳，就必須要有底層的學術理論來支撐。

所以就我目前而言，我是很有可能會再回去念大學的，只不過科系的話就肯定不會是旅館，我也並不後悔以前休學的決定，因為起碼我對自己的表現還覺得挺長進的，而且每個階段的需求不同，總而言之，未來難說，不一定，就看情況了。

世界是我們的鏡子，而我們看見了什麼

我從調酒師這份工作中學習到很多，而我認為比調酒更重要的，就是在磨練我的心。

我認為每一個工作都可以當成是一種修煉，如何看待我們的工作都可以說是在反映我們的人生。

我工作的第一個修煉就是上班絕對不能準時到，一定要提早到，至少早到十分鐘，這是我的原則，把早到當成是準時，把準時當作是遲到，遲到就還是遲到。

這看似只是一件沒什麼大不了的事，不過就是注重這一點點小事，才能真正的磨練我們的心力，若連小事都做不好，還怎麼做大事。

而早到這部分我認為是彈性的，你也可以早個半小時到，不過至少就是十分鐘，那這十分鐘要做什麼呢？先別急著工作，可以先讓自己靜下來，專注於自己的呼吸，什麼都不要想，去感覺當下的環境，身體的反應和周遭的聲音，只要感受就夠了。

光是這樣的練習就能讓我們面對工作時平靜許多。

再分享一個我工作上的修煉，就是不抱怨懷著一個感恩的心去看待這份工作。

或許有人認為，在工作上面不抱怨太難了，每天都要面對一大堆煩人的事物還有壓力，不用抱怨來抒發一下就渾身不自在。我知道這確實不容易，而正是因為如此不容易，我們更應該拿來當作修煉，我自己在工作上也會有不愉快或是壓力大的時候，這時我也會想抱怨，

但抱怨後其實痛苦的仍然是自己。

練習不抱怨，讓我們的心胸開闊一些，每當我成功的不抱怨後，我就感覺到自己有一份同理心在，同理那些煩人的事，也感覺這些事的出現是在磨練我，有點煩，沒關係，當下好好面對它，別抱怨，反正一年後你也不會覺得這個抱怨是有意義的，甚至忘了，那何必在當下受自己的抱怨所苦呢？

我在心裡常感恩自己能做調酒師這一份工作，我知道許多人想要這份工作都還沒有機會，因為我遇過很多朋友還有客人跟我說想做調酒師，但是就沒什麼機會。所以對我來說，我比許多人幸福太多了，能做自己喜歡做的事，而許多人想做還沒辦法。

還有許多工作上的修煉，這邊我想再談一個，就是不要認為你在替老闆工作，你是在為自己工作。

許多人只是幫老闆工作，所以做到剛剛好就好了，不用太多的努力。掃地只要掃老闆看得見的地方就行了，所有事情都剛好在標準就好，反正拿一樣的錢，何必做的更好？

這並不是一個良好的心態，久了也會習慣，甚至厭惡工作，許多上班渾渾噩噩的人，下了班就去吃喝玩樂了，然後變成一種惡性的循環，上班、下班，然後做同樣的事，完全沒有進步。

其實我們雖然表面上是在幫老闆工作，但自始至終我們只能為自己工作，你在工作上的表現某種程度就代表著你，工作的很糟糕，那別人對你的評價可能也不好，再來你如何看待這樣的自己？如果你是老闆你會僱用自己嗎？

我的調酒師父跟我說過：「在工作上最重要的就是創造自己的價值。」如果你沒有建立自己的價值，那隨時都有可能被取代。所以在工作上提升自己是很重要的，你的價值越高，對你個人而言也是越好的，因為即使你最後離開了這間公司，那你也擁有誰也拿不走的能力，所以工作不只是為老闆工作，更重要的是精進自己。

那很多人會覺得，自己明明做的很好，卻都沒有得到很好的回饋，好比說加薪水，那何必努力呢？

這邊與你分享一個觀點，你可以不相信我所說的，但如果你覺得這個觀點不錯，那就拿去用。

這個世界就像是一面鏡子，我們從鏡子裡可以看到自己，我們做的任何動作，鏡子都完全的反映出來。換句話說，如果我們想要鏡子裡的人做什麼，那我就得先做什麼。

如果我要鏡子裡的自己高舉雙手，那我就必須先高舉雙手。

如果我要鏡子裡的自己微笑，那我就必須要先微笑。

如果我要鏡子裡的自己從口袋拿出一千塊，那我就必須要先從口袋裡拿出一千塊。

如果我拿出了一千塊，但我看見鏡子裡的自己拿出的是五百塊，那就說明了，我拿的是五百塊，但我以為是一千塊，我們可以自己騙自己，但鏡子沒辦法騙人。

回過頭來說工作，如果你認為你沒得到自己理想的報酬，那就是你提供的價值還不夠，

別人看到的你就是那樣。如果你真的是那麼好的，何必埋怨，你甚至可以自己闖出一片天。

而我認為在工作上精進自己，並不只是上班的事情，下班後我們還得問自己今天學習到了什麼？如何可以做到更好？沒錯，我們永遠都可以更好。

世界上沒有100%純度的黃金，最高就是99.99%，而那0.001%就是意味著「謙卑」，唯有那個謙卑的空間，我們才能不斷地進步。

下班後充實自己可以為上班帶來更多的收穫，我喜歡看書、寫作，也對心理學很有興趣，還有學習領導力和溝通相關的課程，這些其實在工作上都是用得上的，雖然不是說學了就一定能做的很好，但有進步永遠勝過原地不動。精進專業知識也是很好，但絕不僅只於此，能學習的東西很多，而且如果你想當老闆，那你在當員工時就應該要能用老闆的角度看事情，還沒做到老闆就要有老闆的思維，還沒建立團隊就要有團隊的思維。

華人知識付費最厲害的說書人樊登寫過的一本書《工作就是最好的修行》，正如書名，工作真的就是一個最好的修行，這書給我帶來許多的啟發，在這也推薦你可以去看，或許你也能創造一套屬於你的工作哲學。

歡笑與淚水

在我當調酒師時，因為認識了一些客人，後來還都成為了很好的朋友，而有些事就很令我印象深刻。

曾經有一位客人正在環島，綽號叫Stan，他從台北開始，第一站就是新竹，來到酒吧後我們閒聊了一下，他便告訴我他正在騎摩托車環島，由於當時我才剛騎車環島完沒幾天，就和他分享了我的一些經驗。

後來他在吧檯上看到我的第一本書《邁向成功新生活》，就拿去翻了翻，我就和他說這是我寫的，他就很有耐心的看，他也是第一位在酒吧裡把我的書看完的人，我們那晚聊得的很開心，到了我打烊，隔天他就繼續了他的環島之旅。

過了幾天，他又來到了酒吧，他說他沒有環島完，到了高雄後就決定要回來了，畢竟他是沒有規劃行程的，所以沒有環完一圈也沒關係，而到了他旅程的最後一天，我們酒吧又成為了他的最後一站。

還有兩位來自馬來西亞的客人，一位叫偉倫，一位叫Eason，他們是從馬來西亞到台灣念大學，就在新竹，到快要畢業前來到酒吧，他們覺得很難得有一間在新竹還不錯的酒吧，只是他們太晚遇到了，因為我們認識後的不久，他們就要回到馬來西亞，下次再回來也不曉得是什麼時候。

也因此在回馬來西亞前，他們常常來酒吧喝酒，我們每次也都聊了許多，他們來到台灣念書有很大的原因其實是想要自由，因為他們在馬來西亞家裡管的很嚴格，對許多事都要求很多，所以選擇來台灣看看，即使是想暫時脫離家裡，但他們真的覺得來到台灣是很快樂的。我印象很深刻的是偉倫還是一名足球員，來到了台灣也是大學的足球隊員，不過他也和我說，回去之後因為家裡的關係可能就會做餐飲相關的工作，雖然有點現實，但每個人總有他的苦衷。直到他們最後一次來酒吧，我給他們一人寫了一張卡片祝福他們，我們還一起在吧檯拍了張照片。

縱然覺得相見很晚，不過卻也還來得及在他們回去前我們碰上了，還成為了朋友，說不定下次就是我去馬來西亞找他們了呢。

我還認識了一群小我五歲的年輕朋友們，那次他們三個人來，這真的超有趣，一開始吧檯沒有坐人，他們可能怕我不好聊天，就選擇坐沙發，然後他們點了不少酒，我想說弄個招待，做了六杯的Shot，三杯紅色的，三杯藍色的，他們問我這分別是什麼，我就開了個玩笑說：「紅色是好喝的，藍色是非常好喝的。」

後來他們可能也覺得我很有意思，我們就開始聊了起來，他們從本來坐在沙發後來決定換到吧檯和我一起聊天，這對我來講也是一種成功吧，因為一定是某種特質或魅力才有辦法感染他們。

而他們也真的很會喝，其中一個還跟我要了一杯最濃的調酒，我就調了一杯「惡魔水」

（混合十多種酒的調酒）給他，我還以為他喝的差不多了，他卻還說，他先回家吃個飯看個電視再來，我是抱著半信半疑的態度，因為他喝了很多，我就覺得回來的機率很低。

直到我那天快打烊前，他又出現了，那天他喝了很多酒，我們也聊了很多，從感情到工作經驗還有一起看過的電視劇甚至是哲學，也意外發現我們聽的音樂還很類似，所以我們互稱彼此是同頻率的人，才有辦法聊那麼多，那天是我在酒吧上班最晚打烊的一次，我們聊到了早上快八點。

他們後來也來了酒吧好幾次，也帶了不同的朋友，我們都有互相的追蹤社群帳號，其中一個他是游泳選手，不時還會傳訊息聊聊想法，或是喝到的酒，其實我是很樂於和年輕朋友們互動的，雖然差五歲也不會太多，但我也知道我就是要去影響這些年輕的朋友們，再過幾年我就不適合做這事了，因為當我步入三十歲，我可能所說的在年輕朋友裡就是說教吧，所以我得趁著這個年紀，做我應該做的，盡力去影響他們，共同成長。

和客人之間的感動很多，但不見得都是美好，也有個我深刻的遺憾，最後就來談這個我在飯店的酒吧裡發生的事吧。

那時候我在飯店裡當調酒師，在那裡除了吧檯的工作外，還要負責送餐點給客人，每天晚上住房客都可以用一張券來換一份宵夜，通常都是一份特色小吃，像是客家湯圓、粄條、貢丸湯或米粉等，一些新竹的知名小吃，這些餐點我也要協助去送。記得那一天，非常的忙，又因人手不足，我不僅要顧餐、送菜還要結帳跟調酒，而最後供餐的時間是晚上十點

半。結果有客人在十點四十分進來問說：「還有沒有吃的？」我說：「結束了，只到十點半而已。」然後我繼續忙著擺我的餐具，大概隔了五分鐘，他又回來問了，他說：「真的都沒有剩了嗎？因為真的很餓。」我看著他眼睛在顫抖，也能感受到他的一些情緒，但我不加思索的說：「沒有了，廚房早就收了。」他失落的走了，但是……其實……是還有的。

然而，在他離開後的沒幾分鐘，我繼續擺著餐具，但就這樣，我默默流下眼淚，因為我覺得我做錯了一件事，就覺得我錯失了一個給予他人幸福的機會，我當下流著眼淚擺餐具，擺到一半我放下手邊的工作，我走去了廚房，看著一整鍋的菜，我真受不了了，於是我衝了出去，想說把他找回來，我可以把一整鍋的菜端給他，但也不知道他跑到哪裡去了。

雖然這沒什麼，但……為什麼會落淚？

我並沒有做錯事，但這讓我開始思考為什麼我會如此在意。

不想想因為我覺得自己仍然是善良的，但我騙了他，傷害了他，而我是真的感到不捨，不然不會事後還那麼糾結跟反思的。

往後的我就在想……如果我能在他轉身離去那一刻時，跟他說：「別走，我拿一碗給你……」那該會有多麼動人和溫暖，但人生就是沒有如果……錯過了就是錯過了。

不論如何，和客人的故事很多，也很感謝能和許多人成為朋友，這都讓我的人生更精彩豐富。

學習

談培訓課程，投資自己的心路歷程。

滴水穿石：卡內基訓練

印象很深刻曾經有一位朋友，他推薦我一定要看一本書，叫做《人性的弱點》，我就搜尋了一些資料，發現作者戴爾・卡內基（Dale Carnegie）這個人，自己就去書店想挑相關的書，後來找到《卡內基溝通與人際關係》這本書，而這本書的序由卡內基大中華地區負責人黑幼龍老師撰寫，裡面提到，這本書以前是沒有繁體中文版的，而且書名是《人性的弱點》，他認為不太好，因為書上所提到的其實都是人性的優點，談的都是人的好，而不應該把它當作弱點來看才對。

我也發現這本書不只暢銷，而且還非常的長銷，這也代表著不管時代怎麼變化，人性如此多年來始終如一。我買了這本書，就開始回家讀了，那時候沒有看書的習慣，所以看得有點辛苦，雖然只是一天看一點，但速度很慢，看得非常的久。

不過我挺有感覺的就是每當我看完一個章節，我就會回想自己在真實生活上發生的一些事，好比說，過去跟朋友出去聊天時，講到不認同的話題，我就會開始反駁他，每次反駁他，我們聊起來就會不太愉快，我還會一直抱怨他，雖然他常常被我講到無話可說，但氣氛真的相當尷尬，於是我也開始練習，不要去抱怨，遇到不同觀點時，克制自己，不一定要認同，但絕不反駁，試著聽他說，剛開始非常的不習慣，每次要忍耐就會渾身不自在，不過我也發現到，當我這樣子做，人家就比較喜歡跟我講話一些。

後來我開始了解到人際關係的重要，覺得自己一定要好好重視這個課題才行，看完書之後，我有看到書本後面有卡內基訓練的相關資訊，我當下的感覺就是，這個書上的資訊應該都是過時的吧，不過後來我上網查了一下，發現這個訓練竟然還有在辦，而且地區和場次也非常的多，幸運的我也看到了新竹有一場演講，而且講者就是黑幼龍老師，於是我就報名參加這場演講。

在演講來臨之前，我早就在網路上看了很多黑幼龍老師的文章和一些演講的影片，所以到了演講那天我非常興奮，因為我從來沒有真正見過一個如此成功的人士，我像是小粉絲一樣，我提早了一個小時就到了演講的會場，是一個大禮堂，到了以後只見到裡面有一些學生跟老師好像在為演講做準備，其中一個老師和我說，我是第一個到的，就在這時候我看到了黑幼龍老師，他給了我一個微笑，那個微笑至今我還印象深刻。

我在等待演講的時候，看到黑幼龍老師走出去，我想請他幫我在書上簽名，結果他去了廁所，我明明也剛上完廁所，但還是故意假裝上了一下，然後和他在廁所門口相會，我把書拿給了他簽名，其實就有點太興奮了，顯得很著急。

那一場演講非常的生動有趣，還有加入了一些互動，讓我們跟彼此不認識的人談話，也是那一次的演講讓我想參加卡內基訓練。

不過我並不是當下就報名參加了，比較大的原因就是因為上課的時間是晚上，那時候我還在市場和酒吧工作，如果要上課那我就得犧牲我的睡眠，就像是朝九晚九的上班族，然後

凌晨兩點再把你挖起來上課到早上六點，然後你下課沒有多久就要去上班了。

為此我其實掙扎了三個多月，後來仍下定決心去參加，縱然時間給我帶來諸多的不便，最後仍然完成了課程。

對我而言收穫最大的就是喜歡了站在台上分享的感覺，因為每一堂課，我們都有上台分享的機會，這也啟發了我後續想要成為一名講師的動機。

在上每一堂課時，我都很用心的去準備，從中不斷突破自己，也在那一期得到了「最高成就獎」，這個獎是由同學和學長及老師共同票選出來的，必須是要所有課程毫無缺席，然後在課程中表現優異，大家看著你從第一堂課到最後一堂，改變最多的人，有機會得這個獎。

現在回想起來，我覺得那時還真的是一股傻勁的向前衝，因為每次上課分享都非常的激動，雖然有時候想起上課的畫面，難免還會覺得有些丟臉，不過還是挺感謝當時那樣努力的自己。

卡內基訓練結束後，我接連回去當了四次的學長，學長有點像是義工的性質，就是要協助講師和學員讓課程更加順利的角色，每次回去都是要完整的上完一期的課程，中間還要不時的演練，提早到教室，還有每週打電話關心學員的近況，從第一堂課陪伴學員到畢業。

雖然是同一個課程，但每個講師授課方式會有不同的風格，也讓我每一次回去都有不同的體驗。

直到第五次去上課時，我深刻體會到卡內基訓練最重要的一點，就是「練習」，每一週上課都要回去演練課程所學的溝通或人際關係技巧，下次上課時又要分享，我也才發現，這個課程真正重要的並不是在課程上我們學了什麼，而是在生活中我們做了什麼。

二零一八年十二月二十五日，我寫下了我第五次上完卡內基訓練的心得，就此直接完整呈現如下：

今年回來卡內基訓練當學長的班於兩個月前畢業。

卡內基訓練上了五次，每一次都是不同的體會，而這次我很深刻的心得就是「滴水穿石」，記得那一期的第一堂課是八月八日父親節，去上課前還寫了卡片給父親。

然而，當時正在創業，也幫我的一位朋友跑選舉的行程，還有做網紅跟調茶講座的規劃及一堆的會議，我那時的行程非常的滿，而且還要堅持的運動、閱讀與寫文章，但上課時間我還是空了下來。

當時用了課程中的時間登記表，每三十分鐘登記時間一次，把時間分類，就能清楚知道自己時間究竟用在哪，不敢說時間登記完就會超級有效率，但時間若不紀錄，它便很容易被揮霍而白白浪費。

在信念那一堂課，我分享了我的信念「厚德載物」，大概就是講我七月時，剛從印度回來，就碰上房間冷氣壞掉，手機也是壞掉，修了好多次最後還是換了一支。

我大可以用許多調整情緒的方法，讓自己去正面思考，但那時我沒這麼做，我的感覺是若只追求正面思考，我會更加迷失，那也不像我。

但我追根究底的問自己為什麼？我就想到「厚德載物」這四個字，這麼多的東西流失，是因為我的內在不夠強大，承載不了外在。所以每當我碰上不順時，我就會開始練習靜下心來去學習。

大概講到這時，我忘記老師對我提出什麼問題在引導我，但我當時腦袋中有兩個畫面，一個是我曾經因為太急著去愛別人而讓自己過得很痛苦，另一個是我房間內貼滿整牆的便利貼，那是我兩年多來學習的心得與筆記，想起過去的事，我眼眶泛紅在台上哽咽地說不出話。

老師說：「你是不是想到一些畫面了？」我只能點點頭，但我講不出來。

老師又說：「所以當你擁有這個信念時你會怎麼樣？」

我沉默數秒，語帶哽咽地說：「當你……擁有強大的內在……你才有辦法承載更多的外在……更多的財富……和愛……」直至今日，這個信念更像是一面鏡子，讓我由我所承載的外在來觀照自己的內心。

回過頭來「滴水穿石」怎麼說？

以往上卡內基訓練的課我都是在課堂中收穫很多，但這次課堂上並非獲得更多，而是在課堂外。

我兩年多前有個筆記本，當我去翻閱時看見上面寫著我想完成的願景，有開店、有跑半

馬馬拉松、帶家人旅遊、成為講師、寫書等等，會寫這些的原因是之前學成功學時，老師讓我們寫的夢想清單，就很瘋狂的寫下來了。

雖然現在我並不像以前以成功學為中心思想，但我也是從接觸成功學才開始學習之路的，所以我仍深信它能激勵人心也能當作階段的訓練，有機會再來聊當初對成功學癡迷到什麼程度。

後來我並不記得我寫了什麼，這本筆記本也被丟到了角落，但有次我整理房間時發現它，至今回頭看，卻發現許多的夢想都慢慢的實現，我並沒有每天盯著夢想，我只知道每天都要學習和累積，就這樣一點一滴不知不覺的完成了許多以前想做的事。

這就是滴水穿石，就每天一點每天一滴，長久下來才知道威力無窮，而每次回去當學長又是不同的收穫，這次也讓我把一些多年沒完成的事，完成了，像是創業和寫書。

自己過去上了許多課程，因為每個課程都超震撼，所以當時並不覺得卡內基訓練很強大，直到這次才體會到它的威力，本來我覺得兩天就能上完的內容為什麼要分成兩個多月上。有它的道理，因為它著重的就是回去練習。

許多三天兩夜的課程很震撼，而且用體驗的方式讓你可以快速吸收，學得快又學得很多，很厲害，但就是因為如此讓許多人卡住，卡在永遠熱愛學習卻鮮少練習，就不斷地去上課，我也何嘗不是如此。

但其實學得夠多了，只差在練習。

有次碰上與人溝通上的問題，我的好友壬權，他也是時常提醒我引導我的貴人，他告訴我，現在你就去把你在卡內基訓練所學習到東西拿出來看，你現在遇到的困難就是一個考試，平常你學了那麼多，沒遇到難關時都會覺得學習的東西很簡單，用得很輕鬆，但碰上真正的瓶頸時其實才是驗證你學習成果的最佳時機。

我聽了他的建議，開始學習落實卡內基訓練的「金科玉律」尤其是前陣子，壓力大到失眠，又因晝夜買醉讓生活糜爛，讓我深陷心靈與身體的痛苦，那是我第一次感受到憂慮是可以讓人生病的。

我把戴爾・卡內基的《如何停止憂慮開創人生》這本書好好讀了一遍，我運用裡面其中一個方法，我把我所有的煩惱寫在一張紙上，看完我嚇了一跳，原來我腦袋裡面裝了那麼多的事情，事業、家庭、經濟、情感、健康，我只有一個腦袋如何處理這麼多複雜的內容，我了解到沒有整理的思想是非常混亂的，我開始不用腦袋來裝這些事，我用寫的，把所有煩惱的最壞打算和解決方案都寫下來，只要我開始去想，去煩時，我就馬上拿起我所寫下的內容來看，我就知道我不應去擔憂，因為我已經決定了的事，也無須擔心會發生什麼，因為我打從心裡接受了。

到後來，也才過不到一個月，我回頭看我所寫的，當初的煩惱事後看來根本就沒什麼，因為許多煩惱都是我的假設，也明白我的擔憂是多麼的愚蠢和多餘的。

在《如何停止憂慮開創人生》這本書裡，我看到一段話：「人生苦短，豈容卑微？」

這句話的意思是，我們的生命如此寶貴，應把生命奉獻給有意義的行動，偉大的思想，真實的情感和永恆的事業，而非讓憂慮與煩惱占據我們的人生。

卡內基訓練課堂中有句話：「有用才有用。」這真的不是什麼大道理，但也因為如此所以很容易被忽略。

就像一滴水，根本沒什麼，只是一滴水而已，但滴水也可以穿石，所以別小看了那一點一滴的累積。

恭喜同學們畢業，也恭喜自己第五次畢業，也期許未來更好，加油！

我至今十分感謝卡內基訓練，它之所以能成為百年溝通與人際關係教育的領導品牌，我相信很重要的關鍵就是它從改變人們的生活為根基，並且強調在生活當中去實踐。縱然上過的人不見得都能改變，正如那句話：「有用才有用。」而我的生活當中的一些改變，就是努力實踐而來的，我也清楚我仍然要時刻提醒自己運用所學，讓它成為習慣，生活才有更好的可能。

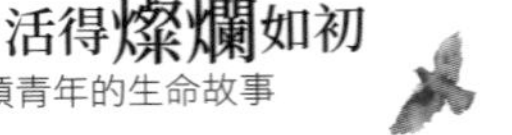

富中之富：Money & You

第一次的卡內基訓練結束的隔一天，我走進了國際商業課程Money &You的教室，這是一個三天兩夜的培訓。

在參加這堂課以前，其實非常的猶豫要不要上課，因為學費很貴，當時內心很掙扎又好想改變自己的生命，就一個衝勁，後來我還是跟家人借了錢去上課。

我也非常感謝我的家人，因為那時的我也挺不善溝通和表達，我只是跟家人說我想要去上課學習，他們並沒有多問我些什麼，也沒有反對，而是支持我做我想做的事情。

Money &You這個課程源自於馬修・賽伯（Marshall Thurber），他本身經營房地產事業非常的成功，由於他們的訓練系統很有效，於是組成了團隊開發出這一套課程。他們認為在一般商學院所學習到的商業領域知識其實並不真正有效，而且學習過程十分的漫長，通常要數年的時間才能完成學業。於是馬修・賽伯的團隊開始找方法，把商業和個人成長的模式濃縮，讓學習能夠更快更有效率，課程一開始是兩個月的時間，後來變為十多天，最後成為現在三天兩夜的課程。

你可能會想說才三天兩夜就要學會一般商學院要幾年時間才能讀完的知識，這樣的內容應該很空泛，不然就是效率不好，不過正好相反，內容豐富，涵蓋十多個單元，有改變管理學、價值創造學、DISC人格特質分析、加速企管學、情緒管理學和企業知識系統的建立等，再來這門課特別的地方就是「體驗」，每一個單元都是一個「遊戲」所以上課就像是在「玩」，因為Money &You課程認為，所有遊戲都是人生當中的前導訓練，而且透過遊戲可以反映我們真實的人生。

仔細想想，我們從小玩的遊戲，其實都可以教導了我們一些事情，像是「大風吹」教導我們改變和定位，「老師說」教導我們聽清楚指令和行動，「老鷹抓小雞」教導我們掠奪與保護，「捉迷藏」教導我們隱藏自己和尋找目標，「一、二、三、木頭人」教導我們機靈和反應。而玩遊戲的態度就好像我們對生活的態度，若玩遊戲時總是不服輸，生氣和不滿，那在生活上就有可能常常會發生，相反地，玩遊戲若總是感覺快樂和享受，那生活上也可以一樣，而最大的不同就是遊戲可以重來但人生不行，所以若我們能從遊戲當中學到寶貴的經驗，那某種程度對我們的人生就會是有所幫助的。

Money &You雖然算是商業課程，但不完全只有財商知識，Money是錢，也可以代表著一種財富，而You是你，代表你本身也能是一種財富，每個人衡量財富的標準可能不同。而Money &You課程認為，人不能只有在金錢上富足，內心卻是貧窮的，也認為，若只有內心上的富足，而在金錢上不足，那可能也會帶來生活上的困擾，因此兩者之間必須要平衡，Money &You鼓勵我們追求一個「富中之富」的人生。

富中之富是Money &You裡的一個重要觀念，在這邊指的富中之富並不是要我們成為比有錢人圈子裡面還要更有錢的人，它把財富簡單分為外在財富和內在財富，所謂的外在財富就

是我們所能看見的，例如：房子、車子、衣服、包包、存款等，而內在財富說的就是看不見的，像是知識、快樂、愛等，比較抽象的，雖然看不到但不表示它並不存在。

要達到富中之富我們就得先清楚我們在哪一個位置上，包含富中之富在內，一共有四個狀態，先來說明一下。

富中之富：擁有外在的財富，而內心也富足。這是課程鼓勵我們要創造的人生。

貧中之富：可能在經濟上並不富裕，但在內心裡是豐富的，這樣子的人仍然能常常感到快樂。

富中之貧：很有錢，但不快樂。這個狀態其實比貧中之貧還要差，這種人非常空虛，甚至可能因內在不滿足而做出傷害他人或自己的事，許多吸毒的案例就是如此的。

貧中之貧：沒有錢，也不快樂。人生上充滿著痛苦。

Money &You課程認為財富必須由內而外創造，所以要擁有外在財富，我們必須先打造我們的內在。

正如雞蛋要孵化成小雞，是要由小雞把蛋殼啄破才能出來，如果從外面敲，那小雞就會死掉。雞蛋由內而外破是生命，由外而內破就是食物，而Money &You認為人的改變也是由內而外的。

前英國首相柴契爾夫人有句名言：

「注意你的思想，因為它將成為你的言詞；注意你的言詞，因為它將成為你的行動；

注意你的行動，因為它將成為你的習慣；注意你的習慣，因為它將成為你的性格；注意你的性格，因為它將決定你的命運。」

這就是由內而外的過程，因此想法是我們最先要改變的，不過改變想法就不是一件容易的事，我相信我們這一生多少會遇到固執己見的人，而且可能還不少，然而人之所以不願意改變是因為「理所當然」、「習以為常」、「麻木不仁」。

當我們覺得什麼事情都是應該的、當然的，那我們就不會去感恩，這讓我想到，在我的家裡父母都是很辛苦的在做家事的，煮飯、曬衣服等，因為過去都是父母在做就會認為理所當然，後來有次父母出國玩了幾天，當我發現這些平常我沒有做的事，要輪到自己做時還覺得不太習慣呢，因為過去我認為這是理所當然的，可以仔細想想我們生活當中是不是有什麼事，總是別人幫著我們，只是我們常常忽略的呢？

理所當然後，再來就是習以為常了，如果我對他人為我做的事情不知道感恩，那換到生活和工作上也很有可能會這樣，這便是習以為常，小小的事，如果我們放任不管就有可能變成我們的習慣。

最後是麻木不仁，一旦我們習慣了自己的言行，我們可能連改變的意願都沒有了，如果習慣了不去感恩別人，那就會認為自己就是一個不會去感恩的人。甚至認為不需要做任何改變，認為改變也沒用乾脆就不做任何調整了，但麻木不仁是會害死人的，就像用溫水煮青蛙，剛開始很舒服，一旦麻木後，溫度不斷上升也毫無感覺就危險了。

過去我也曾經有過這樣的日子，像是認為抽菸、喝酒、吃檳榔，是我改不了的，也沒必要去改，但其實這都是在自欺欺人，因為如果我們有辦法讓自己墮落，那我們就一定有辦法讓我們站起來，面對自己的惡習。

我在Money &You課程中最印象深刻的是「感恩石」的事，感恩石其實是暢銷書《祕密》裡面提到的，就是作者撿了一顆石頭，放在自己的口袋，然後每次手碰到或摸到感恩石的時候，就提醒自己要對一個人、事、物感恩，就是這樣而已。

然而這個故事許多人都知道，畢竟《祕密》這本書那麼暢銷，而且還有拍成電影，看過的人自然不在話下，但最令我印象深刻的並不是感恩石的事，而是台上的講師——郭騰尹老師。

郭老師在講完感恩石的事時，便從口袋裡拿出一顆感恩石，然後說：「從知道到做到的時間越短，遺憾就越少。」

我聽到這句話真是給了我一個當頭棒喝，因為光是「做」這件事就已經很少人願意了，知道感恩石的人那麼多，我生命中卻沒見過幾個人會去做這件事。

「從知道到做到的時間越短，遺憾就越少。」這句話激勵了我，那一堂課下課，我立馬衝去課堂外，就開始找石頭，我找了十幾分鐘，找到一顆合適的，就放在身上了，回到教室後，我看到郭老師坐在椅子上休息，我這時就想到一定要去感謝他。

我走到他旁邊，但我真的說不出話來，我就先哭了，語帶哽咽地說：「老師，謝謝

你……謝謝你……感動了我……」他沉穩地看著我說：「謝謝，你也很棒的，大家都是。」

至今那顆感恩石，我仍不時的放在背包或是帶在身上，每當看到感恩石，我就會回想到這件事，雖然感恩石不過就是一個普通的石頭，但它在我們生命中有意義時，那就是充滿能量的石頭，可以讓我們去感恩，讓我們去愛。

我在Money &You課程中也認識了幾位好朋友，特別是陳芫進大哥，他是一位企業家，Money &You課程中鼓勵分享，但是我都沒有上台分享，直到第三天課程要結束前，有一個機會讓大家上台分享收穫，我本來也沒有想要上台的，但是芫進大哥先上台，然後說：「我在這三天收穫很多，但我對一位夥伴的故事印象最為深刻，我認為他應該上台和大家分享他的故事，他就是保華。」

我到了台前，當時非常的緊張，因為要跟快兩百人分享自己生命的故事，我沒有這樣的經驗，但我仍然說出我的故事，事實上這件事在我心裡埋藏了好久。

在這邊也不保留的將它寫出來了，這是我跟我弟弟的事，以前我們都喜歡玩線上遊戲，玩線上遊戲為了更強就必須要花錢，但是當時我國中弟弟才國小根本沒有錢，於是我就叫弟弟去偷爸爸媽媽的錢，他當時很害怕我欺負他，我沒有拿到錢我就會打他，有一次要買比較貴的遊戲武器，要三千塊錢，我就叫弟弟去偷，因為不敢一次拿太多，他就一點一點偷，然後存起來要給我。

但是到了要買遊戲武器的前一天晚上，他還差了一兩千元，半夜我把他叫到了廚房，然

後拿著刀子，跟他說：「如果明天我沒有拿到錢，我一定剁你的小拇指。」

當時他才國小而已，非常的害怕我，他也真的偷了錢給我，但是這次就被爸爸媽媽發現了，一早就被爸爸媽媽問，他因為不敢說，所以就一直騙爸爸媽媽說他偷完錢一早就花掉了，但是爸爸媽媽當然是不相信的，後來上學的時間到了，爸爸開車載我們去上學，沒人講話沿路氣氛很緊張，下車後弟弟把錢拿給我，但我受不了自己這樣了，因為做哥哥的竟然對弟弟這麼壞，我上學的時候就哭著打給媽媽說，是我叫弟弟去偷的，不要怪他。

這件事埋藏在我心裡很久也很深，在上課時我回想了起來，才覺得對弟弟很愧疚，過了這麼多年了，我想該和他好好的道歉。

我在那次分享，把這件事說了出來，哭哭啼啼地說，因為知道自己過去很傻，做了一個非常不好的示範。

我還是非常感謝芫進大哥在當時讓我上台去分享，到後來我們也變成了好朋友，我的第一本書《邁向成功新生活》的推薦序也是他幫我寫的。

我印象特別深刻當時跟他討論推薦序時，發現他把我的書讀得非常仔細，我書裡的表達用語還有錯字他都有找出來，我非常佩服他，不僅只是因為他在商場上的成功，而是他細膩和用心的程度。

當時有辦了三場新書發表會，他都沒有說要參加，但是就在最後一場時，他突然現身，說一定要給我祝福和幫我打氣，說實在我真的很感動，我們並不是無話不談的朋友，甚至見面也不多，不過他一直不斷關注我的消息和鼓勵我，我也從他身上學習到許多。

Money &You給我帶來許多的收穫，課堂裡有一句話：「大多數人用生命賺錢，而不是規劃一個值得擁有的人生。」賺錢當然很重要，所以我們學習這方面的知識，然而賺錢只是人生當中的一部分，而不是全部，所以追求財富的同時，真的別忘了更重要的，像是家人、朋友和自己的成長。

爾後體會的智慧

在結束Money & You課程後，學習之旅依然繼續，我開始去追尋一些世界大師，並與他們學習，其實這也是受到臺灣許多講師的影響，他們經常會追尋世界大師學習他們的智慧，再建構成自己的課程，當時我也想做一樣的事。

世界大師有很多，我學習過的像是行銷大師傑・亞伯拉罕（Jay Abraham）、房地產大師羅伯特・艾倫（Robert G. Allen）、趨勢大師湯馬斯・佛里曼（Thomas Loren Friedman），還有諾貝爾經濟學獎得主羅伯特・席勒（Robert James Shiller）跟奧利弗・哈特（Oliver Simon D'Arcy Hart），說實在當時去聽經濟學根本聽不懂，只是因為是大師就盲目地去參加，許多內容對自己而言並沒有多少收穫。

然而這麼多的世界大師中，我最印象深刻的是丹尼斯・魏特利（Denis Waitley）博士，他曾參與阿波羅計畫協助太空人登陸月球，太空人登陸月球並不是件容易的事，而他們也需要極強大的心理素質，才能面對種種未知與恐懼，丹尼斯・魏特利博士正是協助太空人做內心和觀想的訓練。

我從他身上學到非常重要的一件事，他說：「大多數人沒有辦法達成他們的目標，是因為他們根本沒有目標。」這聽起來就像是心靈雞湯，但是卻非常的真實，可以誠實的問問我們自己，到底我們在工作和生活上有沒有目標？你想要的一切有把它制定出來？還是你所想

的永遠都只是一個想法而已？

仔細想想我們的確想的很多，但都沒有把它給寫出來，而很多事情裝在我們腦袋裡，如果沒有把它紀錄起來就容易忘記，這也就是我們制定目標的重要性，我們如何設定目標，其實也影響了我們如何去達成目標，所以設定目標的方法就很關鍵了，必須要符合SMART原則。

所謂SMART原則就是：

一、**目標必須是要具體的**。（Specific）——**具體的**

就像是我們要買一台車子，我們得知道自己要買的是什麼型號、什麼顏色的。

二、**目標必須是可以衡量的**。（Measurable）——**衡量性**

也就是我們的目標要可以被量化，好比說要一年存十二萬元，我們就可以分割成每個月存一萬。

三、**目標必須是可以達到的**。（Attainable）——**可達成性**

目標不可以一下子設定的太高，達不到的目標不能叫目標，同時也不能太低變的完全沒有挑戰，要適當才行，就是得透過付出和努力有機會達成的。

四、目標必須要和其他目標有相關性。（Relevant）——**相關性**

如果你的主要目標是減肥，但你設定的目標是閱讀十本書，這就不具有相關性，閱讀的目標看起來也很好，但你也知道你不會透過閱讀來減肥。要減肥我們要設定的目標應該是要

跟飲食和運動相關的才對。

五、目標必須具有明確的截止期限（Time-based）——時限性

就是我們制定目標一定要加上時間的截止日，否則這個目標將會永無止盡的拖延下去。

我透過SMART原則用在個人身上達成了許多的目標，像是跑馬拉松、運動、寫書還有培訓等，在我寫的第一本書《邁向成功新生活》其中一章就有專門談目標。

回過頭來，達成目標這部分也算是被丹尼斯・魏特利博士啟發的，這套方法並不是他先提出的，不過就是在他的課程中烙印在我腦袋的，我很感謝那次他的分享，也感謝自己有去上他的課，我們還留下了一張合影。

我也還記得當時丹尼斯・魏特利博士在課程的最後說了一句話：「人生不是一場尋寶之旅，生命本身就是一個寶藏。」其實那時候的我根本不明白這句話的意思，因為我認為人生不就是應該不斷去追求嗎？怎麼說生命本身就是寶藏，這不是意味著我們不該去追求和冒險嗎？

這句話讓我想了很久，我完全搞不懂，不過就這樣一直記得這句話，大概在那次過後的一年半吧，我接觸到了關於靈性醒覺相關的書，然後加上自己的禪修練習，我在某天領悟到那句話的含義，沒錯，人生不是一場尋寶之旅，生命本身就是寶藏。

我們能有生命，生而為人的活著，這本身就是無價之寶，體會到這點我們才會珍惜生命，享受人生，好在後來明白了這句話，不然我永遠也找不著這最珍貴的寶藏。

現在的我不太會像過去一樣一直追尋世界大師了，因為清楚知道不論是誰都沒辦法改變我們，正如《五秒法則》這本書裡提到的：「如果你在等待一個改變你的人，就請你照一下鏡子吧。」真正的改變是我們如何落實於生活當中去執行才對。

將海星扔回大海

記得那是才當網紅公司經紀人兩個多月時，我的合作夥伴打電話給我，就開始跟我分享說有一個課程，他認為非常棒，一定要我去上，我心想，我上過那麼多的課程了，還有什麼超厲害的課程是我沒聽過的，應該不太可能吧！

不過這位夥伴他跟我講了快一個小時的電話，用感性打動了我，現在想起來我真的是腦波很弱，十分容易就被說服去上課的人，我也在想，說不定我再上這個課程我的人生就有可能變得更好了。

那天晚上，他就叫我馬上繳錢報名。那時候是半夜了，我還要去印報名表，填完資料，然後繳費，其實很麻煩，我不曉得為什麼他就是一定要我當天完成，後來才知道可能他在達成他的目標吧，總之那天搞得很累，很晚，因為課程連續五天，還要請假，歷經種種波折，還是去上了這個課。

這個課程去上了才發現不太一樣，課程的講師並沒有教什麼內容，大多數的時間都在和學生對話，而且這個講師只有聆聽跟提問，完全沒有給學生任何的答案，不過在這問答過程，我一直看到他透過提問，讓學生清楚看到自己的盲點，學員看到盲點後，問題基本上就得到了答案，而且對學員而言是最適合的。

我被這樣的授課方式震撼到了，後來我接觸到更多相關的資訊，我才知道這是類似「教

練模式」的課程，我說類似，是因為這次上的課程內容不僅只有教練模式還有涵蓋催眠、心靈激發等，而這套課程中加入的教練模式是我第一次碰到，所謂的教練被稱為Coach，我的定位課程教練陳世明教練曾解釋過Coach的意義。他說：「Coach原本的意思是馬車，馬車是載人到他想去的地方，教練就是馬車的角色，他並不決定方向和目的地，而是協助車上的人到他想去的地方。」

而教練技術中，有一個公式，這在《高績效教練》這本書有提到，就是績效＝潛能－干擾，績效也可以是表現的意思。

而教練技術要讓一個人的績效提高，並不是直接將潛能提升，而是協助一個人排除干擾。

教練技術利用傾聽和提問的技巧，來協助一個人排除干擾，讓人們能夠看見自己的盲點，所以教練就像是一面鏡子，能夠協助你看清自己，當我們看清楚盲點，突破就變得容易許多，因為當你的干擾減少了，意味著你的潛能能掙脫更多的束縛，績效就能提升了。

我自己也有在學習教練的技術，更期許自己未來能夠朝著這個方向前進，雖然不見得未來會成為一名教練，但我知道學會它一定對我的人生是有幫助的，也希望學會後能幫助更多的人。

曾經有一位教練和我說過一個故事，我很喜歡，每次想起也能觸動我心，那就是海星的故事。

故事是這樣的，有一個小男孩，走在海邊上他看見了非常多的海星躺在沙灘上，然後他就把海星撿起來，一個一個扔回大海裡，然後有一個老人路過，便問小男孩：「你在做什麼呢？」小男孩說：「我在救海星啊，讓他們回到大海。」老人說：「看得出來啊，但是這裡的海星有如天上繁星般的多，你怎麼救得完呢？」小男孩說：「我可能沒有辦法幫助所有的海星，但我每幫到一個海星，那顆海星的生命就將完全不一樣了。」

我也想成為像小男孩這樣的人，我學習教練技術，自己也喜歡分享和做教育，我也知道我沒有辦法影響所有的人，但如果有一些人能夠因為我而有那麼一點點的不同，我想就足夠了，也期許在看這本書的你，也能夠有所啟發，甚至影響身邊的一些人。

面對你的情緒：薩提爾心理學

會接觸到薩提爾心理學，是從看了《薩提爾的對話練習》這本書開始的，我在上一篇有提到「教練技術」，其實和「薩提爾對話模式」有異曲同工之妙，教練技術大部分用在突破和成長，通常是要達成一個目標的，而薩提爾模式比較多用在照顧情緒。

薩提爾模式源自於心理學家維琴尼亞・薩提爾（Virginia Satir），他是美國家族治療的先驅。現在非常盛行的NLP神經程式語言學就有模仿薩提爾的技術。

《薩提爾的對話練習》這本書給我印象最深刻的是冰山理論，過去我對冰山理論的理解就是潛意識和行為，浮在海面上的冰山是我們看得見的行為，這占了一成，而在下面看不見的占了九成，然而，薩提爾的冰山理論把它明確的分為七個部分，上面第一層是行為，再來第二層是身體感官的感受、情緒感受（例：興奮、憤怒、悲傷、恐懼……），第三層是感受的感受（例：對自己的難過感到生氣），第四層是觀點（例：概念、規條、過去經驗、成見），第五層是期待（例：對自己的、對他人的、來自他人的），第六層是渴望（例：人類共有的、被愛、被關注、被認同、被接納、自由、有價值、歸屬感、安全和獨立），第七層是自我、大我（例：生命力、精神、核心、本質）。（見圖1）

《薩提爾的對話練習》還有許多對話的案例，開啟了我的興趣，於是我就想找些課程來上，在二零一九年八月時我就正碰上了這門課，而且開課地點離我家非常近，時間也很好安排，就去學了。

圖1

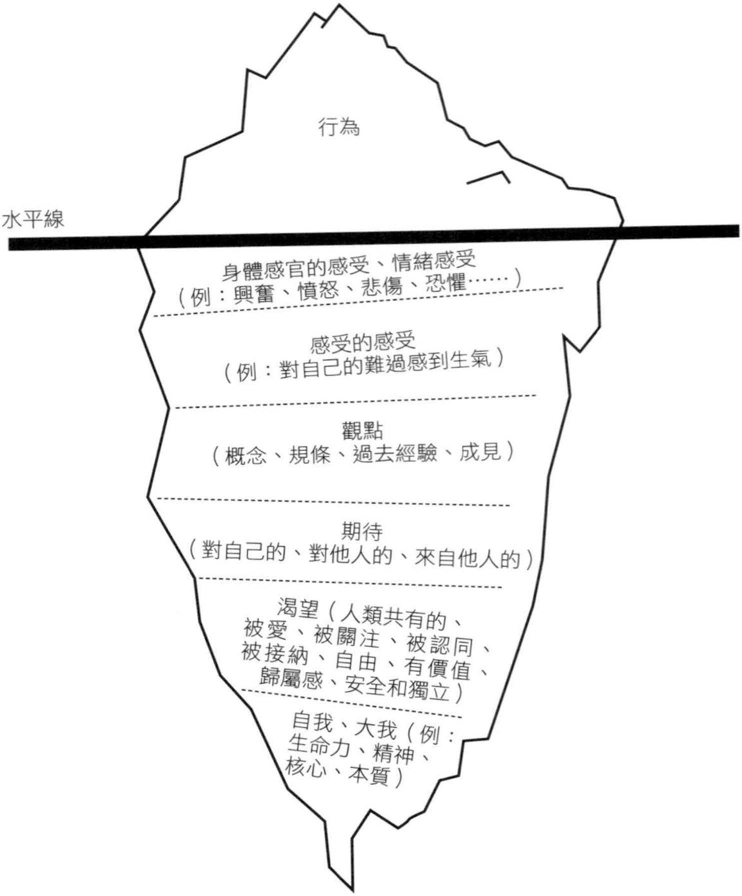

那時候是由賴冠名老師辦的，每次上課我們都需要做許多的練習，在薩提爾模式這門課來講對話就是很重要的，我們通常分成三人一組，一個人負責說最近碰上的事情，這件事不管有沒有解決只要有情緒就可以談，然後一個人負責傾聽和提問，我們都是在練習，盡可能不給答案只用問句，這個地方的重點就是保持好奇心，然後第三位就負責紀錄提問的內容，透過這樣子的練習，我們可以加強覺察、傾聽和提問的技巧，同時也能照顧到情緒。

當然在課堂上練習的其實有限，所以我們都各自會在課後約時間練習，每個月就會有一次，每一次的會面我都非常的開心和珍惜，因為大家都住不同地方各自有不同的工作和該做的事，仍然能夠把時間空出來就十分難得了。

在我過去擔任網紅公司經紀人的期間，曾經旗下的一位直播主叫笑笑，她和我說她發生的事，本來她要去參加一個微電影的試鏡，還算順利的通過成為女主角，不過後來導演還是把她給換掉了，我感覺得出來她很難過，於是我去關心她，以下是對話。

我：「你還好嗎？」

笑笑：「沒事啦。」

我：「那你感覺怎麼樣？」

笑笑：「其實我很難過。」

我：「你是因為導演把你換掉而難過嗎？」

笑笑：「嗯，因為他想找看起來比較成熟的，我就覺得我很努力了，還是不夠好。」

我：「只是導演想找的案子不適合你，並不是你不好。」
笑笑：「我知道，不過我還是很難過，很失落。」
我：「你可以難過沒關係，因為你一直在找機會，失落是很平常的。」
笑笑：「真的。」
我：「而且他說要找成熟的，換句話說是要找糙老的吧，那如果真的找上你，你不就瞬間老個十歲了？」
笑笑：「好像也是耶，所以我不應該感到難過。」
我：「你可以為你的年輕難過沒關係啊！」
笑笑：「好吧，那我要開心！」

這是我看完《薩提爾的對話練習》後大概兩個月時運用的案例，雖然說並不是有辦法挖掘到很深層面的部分，不過很重要的一點，就是去同理她難過的情緒，並告訴她：「你可以難過沒關係。」這就是在允許和接納她目前的情緒，大多數人會說的是「不要難過了，下次還有機會的。」你看，如果我沒學過薩提爾模式可能也會用相同的方式對待他人。

但是告訴別人不要難過並不是一個好方法，因為他就是在難過，他當下就是有那個情緒在，你如果叫他不要難過，那就像是置身事外一般，這就只是說道理，而不是同理，說道理是沒有辦法照顧到情緒的。薩提爾心理學認為若沒有辦法接納自己的情緒，就等同不接納自己，一個不接納自己的人，又怎麼能去愛自己呢？

我們可以想想，我們生活當中有多少的不接納和照顧情緒的事，小朋友生氣的時候就告訴他不要生氣，小朋友難過的時候就叫他不要哭，或是我們自己生氣難過的時候就告訴自己沒事的，這些其實都是不允許自己擁有情緒，因為你不希望這些情緒出現，於是決定要迴避它，這其實就是一種逃避的心態，不肯面對自己情緒的人最終都無法面對自己。

我認為學習薩提爾模式很好的地方就是允許我們的情緒流動，這就是一種面對的態度。

曾經有人問過我：「如何避免掉負面的情緒？」

我當時的回答是：「不可能避免負面情緒讓它不發生，所以我們要去面對它。」

沒錯，大多數人都不想要有負面的情緒，但是我們不是聖人，負面情緒多少都會出現，然而情緒出現了，有些人則會逃避它讓自己看起來沒事，不過內在卻被這負面情緒困擾著，如果我們了解負面的情緒和正面情緒一樣，都會出現，只要允許它流動，並不執著於它，那它自然就會離去，而不會讓我們陷入更深的自責和無法面對自己的感受。

學習了薩提爾模式讓我對情緒有了不同的想法，也更樂於接納自己了，我也還在學習和練習，讓自己不斷成長。

為知識付費

現在仍然是知識付費火紅的時代，許多人因為知識的焦慮而去上了許多培訓，而我也是其中之一，除了線下實體的培訓，我也買了許多線上的課程。

網路上的課程包含了網路行銷、創業課程、心理學等，每個課程我也都花了數千到上萬元不等的學費。

買了線上課程我就會在家開始看，然後想辦法去實踐，不過有些課程買了其實我挺後悔的，好比說網路行銷的課程，要學習整體行銷的概念然後下去實作，我還得從零開始架設網站，很多東西都要額外付費，更困難的是好多的網站都是英文的，翻譯上常常出問題，我弄了好幾個月的時間，結果什麼都沒做好。

線上學習有時候效率的確不好，你做錯了也沒有人會告訴你，很有可能就一直錯下去，不過跟主題也有關係吧，像是心理學相關的課程我就覺得很棒，也較少會有操作和技術層面的問題。

現在的我很少會去買線上的課程了，不是說線上課程不好，而是線上課程可能比不過一本書，有可能你讀完一本書後自己下去整理再出來分享，還講的比較好。

為什麼我這麼說呢？

其實許多課程內容的源頭都可以從書本中找到，許多課程都是由書整理出來的，書的知識密度通常也比較夠，且知識是較容易連貫起來的，這就是為什麼回歸到書本是最好的。

現在的學習管道確實非常的多，但還是得強調自己讀書的重要性，接下來的一章，我會和你聊到「讀書」這回事。

讀書

朗朗書聲沉寂了，
只好以讀攻讀，
已讀不悔。

我開始看的第一本書：思考致富

啟發我開始學習的第一本書是成功學大師拿破崙・希爾（Napoleon Hill）的《思考致富》，這本書是朋友推薦給我的，不過他並沒有多說什麼，只是建議我去看，一開始我也不曉得這本書所要談的內容是什麼，就只認為書名有致富兩個字那應該就是講賺錢的東西吧，而當時我也很想要賺錢開店完成自己的夢想，就買了一本。

那個時候的我二十一歲，還在當兵，因為快退伍了，所以在軍營裡的時間就比較自由，想說有空就把這本書拿來看一下，一看之下才發現原來這本書不只是要教導我們賺錢，而是如何運用內在思想的力量去開創更好的人生。

這本書可以說是「成功學」的始祖，作者拿破崙・希爾在年輕的時候是記者，有次他有機會去採訪當時的世界首富鋼鐵大王安德魯・卡內基（Andrew Carnegie），卡內基認為拿破崙・希爾這個年輕人資質不錯，便想邀請他完成一項任務。

卡內基說：「這個世界上有數學、物理、化學等很多學問，但還沒有一套教人家怎麼成功的成功學，你願不願意花二十年或是更久的時間來為世人留下一套成功學？」

據說，此時卡內基手上有個錶，按了下去，要拿破崙・希爾在一分鐘之內做出決定，因為卡內基認為，要完成這件事，那這個人一定要能夠有快速決策的特質。

在不到短短的一分鐘，拿破崙・希爾答應了卡內基，其後他用了一輩子的時間都在研究一個人如何成功，而他訪問了超過五百位當時世界上最成功的人士，也包含了愛迪生、亨利福特等。

後來拿破崙・希爾就寫了《思考致富》這本書，在全球暢銷且長銷，我們現在看到許多的勵志或成功學的書籍內容大部分源自於《思考致富》。

剛接觸成功學的我，被這本書鼓舞，我開始覺得自己需要改變，因此我開始運用書裡所教導我的方法，那時的我真的是深信不疑，《思考致富》也是一本被我看到爛掉的書，書皮都掉了下來，因為我每天早上和晚上都固定把它打開來，然後開始唸裡面的內容，甚至有兩個章節我是完全背起來的。

這本書我也推薦給身邊的許多朋友，不僅如此，我剛開始做培訓的品牌名字就叫做「思考致勝」，我把致富改成了致勝，當時我和夥伴都認為學習成功學不僅只是致富而已，還能為我們創造更多人生當中的勝利。

如今看成功學雖然不像過去那樣鼓舞、激勵，但我十分感謝這本書給我的啟發，也感謝當時的自己願意去改變，開始去做更多的學習讓自己成長。

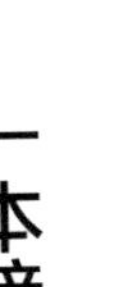

一本接著一本

在《思考致富》之後，我也開始去看其他的書，不過這時候看的書其實都是亂看一通，大概都是挑一些勵志的書來看，平均兩個月才看個一本書，因為那時都是在上培訓課。

我真正下定決心要養成讀書的習慣是在二零一八年的四月，還記得那時候看了一個網路影片，那個影片就把一大堆的書扔在地上，然後說如果你能夠把這些書都讀完，那對你的人生會有多大的影響？

看到那一幕，我內在有個渴望，我渴望的就是「知識」，當時我就在想，如果我真的能把這麼多書給看完，那我的人生也一定會更好的，同時我也在想看書需要時間和耐心，不過一切都是要先有個開始。

那時候正好有在E-mail收到一本電子書，我下定決心，靜下心來，決定要把它給看完，第一天我不知不覺的就讀了六個小時，那本書兩百多頁，我算讀的很慢，不過第二天就將它看完了，看完後我有種充滿力量的感覺，我就在想，好，那再讀下一本。

於是我把第二本書拿來看，是關於如何做資源整合的，因為那時候身兼多職，特別需要這方面的能力，結果第二本書，三百多頁，我也花了大量的時間去讀，讀的很慢，不過一樣靠著耐心兩天讀完了。

我也是在那時候發現到，看書其實並不難，就是從頭讀到尾就是了，一本書也不用多少錢，只要肯花時間那收穫最大的就是自己，而且讀書就像和作者交流，我能夠學習到他的智慧，他寫一本書可能要花上好幾個月甚至是幾年的時間，但我只要花個幾天就能夠看完了，那多划算。

從此我就開始一本接一本，雖然說並不是每一本書都有辦法花個幾天就看完，因為還有其他事情要忙，不過也養成了固定閱讀的習慣，到了二零一八年的年底，八個月的時間，我一共看了三十二本書，平均一個月是四本，差不多就是每週能讀一本書。

我為此非常的高興，因為我過去想都沒有想過自己會愛上看書，甚至可以每個禮拜看一本，我就覺得自己總算有點長進。身邊的一些朋友也挺佩服我可以這樣讀書。

雖然說我在這個階段讀的書也不怎麼樣，也不太會選書，大概就是看順眼覺得好讀就買了，但就這樣養成閱讀的習慣，後來也開始接觸較有深度的書。之後我又計算了我二零一九年整年看的書，總共是六十六本，而且讀了許多不同類型的書，這也要歸功於參加讀書會對我的影響。

CHANergy潛能聚，聚讀讀書會

二零一九年二月開始，潛能聚平台的「聚讀讀書會」開始運作了，每個月一次的讀書會，辦在第三個星期日下午。

首先我想先介紹一下「CHANergy潛能聚」這個平台。CHANergy潛能聚平台，在二零一七年創立，以人脈、共享、夢想的概念組成，而CHANergy這個字是由Change（改變）＋Energy（能量）組合成的，潛能聚相信人的潛能是無限的，只是還沒被開啟而已，所以平台也致力的去推廣能幫助人們更加提升的活動。

讀書會是潛能聚其中一種活動，目前有兩個在運作，一個是前面提到的每個月的讀書會，另一個則是晨間讀書會，我會在下一篇介紹。

潛能聚還有許多活動，像是「反毒桌遊」，這是很有意思的一款遊戲，我自己玩了也有很棒的體驗，以前我們在學校受到的反毒品教育大多數都是請一些專家來分享，專家大概就會跟我們介紹毒品的種類、施用的感受和刑責等，然後告訴我們毒品的危害是很大的，要我們不要去碰，但是事實上這樣子的教育可能並不有效，我們都知道毒品不要去碰，但這跟我們認識毒品並沒有直接的關係，更重要的是我們要能夠感覺到如果碰了毒品，我們的人生會有什麼樣的轉變，這才能讓我們完全的明白毒品真的是碰不得的東西。

而反毒桌遊正是透過體驗式的學習，從遊戲當中反映出我們真實的人生。在遊戲中，一

旦染了一種毒癮，我們就很難翻盤了，真實的人生不也是如此嗎？

這套反毒桌遊也正往校園方面在推動，有次我在和開發這套遊戲的團隊聊天時，得知有一個很有意思的案例，他們在國小推廣反毒桌遊，小朋友玩了都感覺很棒，後來一個國小三年級的小朋友要給另一個同學小熊軟糖，那個同學說：「你的小熊軟糖哪裡來的，我怎麼知道那是不是毒品？」

雖然好像挺好笑的，但你看，如果小朋友不懂得拒絕來路不明的糖果，那是不是很危險呢？可見反毒桌遊的推廣也真的讓校園的孩子受到了啟發。

除了靜態的讀書會、反毒桌遊外，潛能聚還有舉辦動態性質的活動，像是「城市尋寶」，會到不同的縣市遊玩，組隊去破解謎題。

潛能聚不定期還會舉辦軟性的分享會，透過邀請不同領域的專業人士來做分享，進而提升我們對跨領域的了解。

過去我曾擔任網紅公司的經紀人，也因此講了一堂關於網紅經濟和直播產業的一門課。

潛能聚還有一位夥伴，他叫阿聰，他對生命靈數相當有研究，也曾舉辦過關於生命靈數相關的分享會，甚至開啟了自己的工作室。

我也參與過潛能聚與美好人生英文學校一起辦的活動，每個人拿著不同的英文劇本，分組來演一齣英文話劇，雖然我的英文真的很破，但也是覺得很有趣。

透過這樣的人脈整合，互相分享，彼此成長，逐漸地也看到了每個人在自己生命上的一

些轉變。

而對於我而言，影響最深的就是聚讀讀書會了。聚讀讀書會，在剛開始的前三個月，都是請夥伴或朋友們讀完書後就以說書的方式進行分享，每次我們大概都會聽到四本左右的書，不過後來聚讀讀書會進入到2.0的版本，在第二季開始有了大幅度的調整。

一樣保留一部分的時間，由一至兩位的分享者來分享自己所讀過的書，而後半部分則是大家開始共讀同一本書，所以你會看到大家同時很安靜的看同一本書，這讀書也不單單是讀完就好，因為那是不夠的，所以還有分配讀書的小組，各組需要對自己所讀的章節進行討論，並且把章節的內容給產出，最後再進行小組上台分享。

這套模式是潛能聚的核心夥伴壬槿與洵妤，去和專門教人如何舉辦讀書會的課程學習來的，我非常喜歡這樣一套讀書的方法，有許多好處，我分享三個。

一、**我們可以用更少的時間，學習完一本書**。

我們只要參與完一次讀書會，就能瞭解共讀書目的整體架構，即便我們只有針對自己各組的章節下去讀，不過仍會聽到其他組的分享，也就像大家分工把一本書讀完。

二、**透過讀書會可以連結到個人經驗**。

我們讀書很重要的就是能夠跟自身經驗去做連結，有連結的內容才會對我們產生意義，如果只聽別人分享卻沒有連結自身經驗，那就只是聽人說教，道理我們也都知道，跟我們有沒有關係那才重要。

三、**聽到不同的觀點**。

讀書只有一個人讀，那就是自己和作者在做交流，但如果多一些人，我們可以聽到不同的想法，不同的故事，那我們所能學習到的就不單單只是書本的內容，還有他人的經驗，他人的經驗無可取代，這也是共讀能帶來的好處，我就覺得這是讀書會非常寶貴的一部分，是自己讀書無法獲得的。

至於我們都共讀哪些書呢？

我們共讀的書是由大家推薦，再進行票選，每季選出最高票的三本書，大家進行共讀，票選高代表著大家對書的內容是比較有興趣的，而讀書若總是枯燥乏味那也很難有人願意繼續投入下去。

而推薦的書單也有原則，基本上不推薦小說，因為看小說可以算是一種享受，像看電影一樣，必須要親自去看和感受才行，如果把電影拆開來看，一人說一段也挺奇怪的，所以推薦的書單，建議都是實用性的書籍，也就是可以拿來被我們運用在生活當中的，這種書才能讓大家共同的提升。

我們共讀過的書籍有《影響力》《OKR做最重要的事》《找到你的為什麼》《可複製的領導力》《逆商》《十種人性》等，都是非常棒的書籍，也可以從書中找到我們確實能運用的一些方法，落實在我們的生活當中。

而我也是在參與聚讀讀書會的過程當中，得到了一些啟發，因此也加入了潛能聚的核心團隊，開始一起共同籌備讀書會。

加入潛能聚核心團隊後，我更了解讀書會的運作模式，而我們也一直不斷在精進，每個禮拜我們都會定期的開會、討論，就為了讓讀書會辦的更好。

要了解到，這是非營利性質的活動，但大家都願意花時間開會討論，這是一件難能可貴的事，多次看到夥伴們為此努力，其實內心都是很感動的，自己也很慶幸能和潛能聚一起合作，感受到如此有熱忱的團隊，排除個人利益，大家仍能全力投入的精神，我甚是敬佩。

在一次次舉辦讀書會的過程中，我也看見了有些人因為讀書會而生活真正有了改變。

我曾被邀請在讀書會當中分享自己的書《邁向成功新生活》，裡頭講到了達成目標的一些方法，後來我知道有一位參與的朋友，回去後就開始每天設定五個目標去達成，這就是在生活當中的改變，而且他也養成了習慣，我其實完全沒有想過有些人的生活，可能真的就因為你的分享而改變了，而當我看見我真的影響他人時，我認為就值得了。

還有一次，同樣也是被邀請分享一本書《五秒法則》，內容是談改變拖延的方法，然後隔了兩個多月，我又從一位夥伴那聽到他每次想賴床的時候就運用五秒法則讓自己起來。

透過分享不只自己提升了，還影響了別人的改變，讓我更深信分享可以讓人們更好，而聚讀讀書會在二零一九年十一月也對接到了全球華人最強知識付費App樊登讀書台灣區的總代理小草遠志，成為樊登讀書會新竹驛站，我們也協助小草遠志去推廣，互相幫忙，這都是為了讓閱讀能夠點亮我們的生活。

晨間讀書會

我們的晨間讀書會，是每個禮拜四的早上七點半開始到九點，每次講到這個時間很多朋友就會嚇一跳，想說怎麼這麼早。

確實對於許多人來說很早，不過這其實也是許多上班族可以來參加的時間，藉此養成一個早起的習慣也挺好的，我雖然經常工作到凌晨三點，回去都只能睡個兩三個小時，但也是一樣早起運動或參加讀書會。

那為什麼我們有了一個大型的讀書會，卻還要辦一個每週的晨間讀書會呢？其實每次結束大型的讀書會後的那個星期，我們晨間讀書會就會回過頭來看一下我們共讀的書，一方面是要做一個更深入的討論，另一方面則是要讓我們能夠回去落實，可以把經驗帶回來分享。

透過每週的晨間讀書會可以讓我們更紮實的去落實所學的內容，而我們的形式也相當有趣，每週會有一位夥伴進行導讀，大家是輪流的，所以每一個人都有機會練習到如何舉辦小型的讀書會。

晨間讀書會的形式也不只是書而已，我們有時也會觀看TED的影片，然後互相交流和分享，雖然參與的人通常不到十位，人數比起大型的讀書會少了許多，不過也因為這樣大家更能互相認識，了解彼此。

讀書

一日之計在於晨，一早能有夥伴們一起共同讀書、充電，一早有個好的開始，其實也會給我們接下來面對工作更加的充滿活力。

如何挑選一本書

讀書就先從選書開始，看書最大的成本其實不是買書的價格，而是時間，如果買了一本書沒有去看它那就相當的可惜。

而看書跟選書有非常大的關係，而選書有些關鍵可以與你分享。

一、**選名人推薦的書單**。

所謂名人推薦的書單，不建議選明星或藝人推薦的，建議是那種有大量閱讀習慣的名人，像是比爾蓋茲，他非常大量的閱讀，他推薦的書就很值得一看，不過不見得任何書都適合你目前的處境，所以我建議也可以找有大量閱讀習慣的朋友推薦。我的好友壬槿就時常推薦我一些書，大部分他推薦的書都很棒，而我自己也會推薦書給身邊的人，通常我也會針對每個人目前可能比較適合看的書去推薦。

二、**選一本能解決你問題的書**。

我們讀書很重要的就是要能夠把書中的內容用在生活當中，如果你需要的是專業技能那就看這方面的書，如果你想解決時間管理的問題，那就找時間管理的書，如果你想要解決溝通的問題，那就找溝通與人際關係的書來看。

實體書店和網路書店都會將書分類，只要照著分類的方向找就行了，而且我建議可以一次買個兩三本相關的，我自己就是這樣，我養了一隻貓叫艾碧斯（是一種藥草酒的名字），剛開始養時，除了網路上的資訊我看了不少，我還想要對貓更加的了解，我就買了三本關於貓的書，就我身邊的朋友來看，會因為養貓買書的還真的不多，這可能也是讀書人習慣吸收資訊的模式吧。

那為什麼同一個方向的書我們要買個兩三本呢？

因為不同的書可以讓我們看見不同作者在探討相關內容時的觀點，如果你在不同書上，看到許多相關的內容，那就代表那是知識的核心，這可以幫助我們更快速更全面的去掌握整體知識的架構。

如果能掌握知識架構，也就能加入我們自身的經驗，去發展出屬於自己的內容，像是樊登在這方面就做得非常好，而且他寫過的書《已讀不悔》《工作就是最好的修行》《可複製的領導力》這幾本書的內容，你把每個章節拆開來看，其實都可以是一本書。

三、**選時常被大量引用的書籍**。

一本書如果是經典，那它將經常被引用到其他著作當中，像是關於商業或個人成長的書就經常引用《與成功有約》，激勵或是財富的書籍就常引用《思考致富》或《富爸爸，窮爸爸》經濟學和心理學就常引用《快思慢想》，以上所談的書不僅只是暢銷書，還是「長銷書」，一本書如果能長銷，那就表示它所談的內容經的起考驗，且不斷解決人們的問題，這種書就是底層的知識，許多書籍的內容都是由這些經典書籍衍生出來的。

四、選出版社。

每次我和較少看書的人分享這一點他們都覺得奇怪，為什麼是選出版社呢？其實出版社某種程度影響了書的品質，除了基本的印刷和排版，我很重視的就是翻譯，有些國外的好書，如果被翻譯的不好，那我們讀起來就會困難許多。再來就是許多好書，通常都在較大型的出版社出版，常見到的像是天下文化、商周出版、遠流等，然後有些出版社專門出特定類型的書，像是橡樹林就專門出佛法相關的書籍，常讀書或者自己是作家的人就很常會用出版社來選書，我自己就會在網路上訂閱不同出版社的最新資訊，當他們有新書時我就可以收到第一手的資訊。

懂得選書就能節省時間，並提升我們讀書的效率，更快解決我們所碰上的問題。

看書時的心態：微習慣

看書時的心態可以決定我們閱讀的品質，所以養成一個好的閱讀心態就相當的重要。有不少人問過我，看書時記不住內容怎麼辦？

我相信這是很多人會碰上的問題。

因為我過去也曾碰過這個問題，最後搞得讀書非常的有壓力，因為記不住就好像沒有讀一樣，既然有讀跟沒讀一樣那乾脆不要讀了。其實這樣反而讓我們更抗拒讀書這件事。

後來我認為一本書只要有一個觀念能夠讓我們去運用於生活當中就夠了，這樣我們就不會太有壓力，畢竟我們能記住的內容是有限的，我讀過的書也不是每一本都能夠把重點講出來，反而許多內容都是記不住的，大概能記得的都是能夠真正用在我們生活當中的知識。

創新工場董事長李開復曾在他的書《李開復給青年的十二封信》裡提到：「教育的真諦是當我們忘記所學後還剩下來的東西。」

看書也不是考試，所以不要去死記硬背，反而用輕鬆的態度去看，像讀一本故事書一樣，這更能讓我們享受在閱讀之中。

當我們能夠去享受閱讀，那讀書就是件有趣的事。不那麼枯燥乏味，也才有辦法讓我們繼續讀下去。

再來許多人認為讀書是件難事，沒錯，可能對每一個剛開始要閱讀的人都不容易，這跟我們剛開始學騎腳踏車一樣，剛開始總是很難的，但一旦學會了，就會覺得相當的輕鬆。

而要培養閱讀習慣，我認為從「微習慣」做起。

曾經有朋友跟我說，他很久沒有看書了，一直想看，不過他也抱怨著因為工作忙碌，而沒有時間去看書，當時我給他一個建議，就是一天只要看五分鐘，這就是「微習慣」的養成。

很多人認為改變都是驚天動地的，但其實改變是從一點一滴開始的，而更重要的就是開始，若是沒有閱讀的習慣，一開始就要求自己每天都要閱讀一個小時，那就會很吃力，在養成習慣前就放棄的機率也比較高了，最後還是沒改變些什麼。

所以不如就從簡單的做起，想要養成閱讀習慣，那就從每天讀五分鐘的書開始，因為很簡單，所以容易達成，然而微習慣的力量正是發揮在累積，一天五分鐘，任何人都有辦法做到，只要你去做，那就會從中有所獲得。

運動也是一樣的，做個十下仰臥起坐，都比什麼都沒有做強的太多了，擅用微習慣的方式可以讓自己真正的去養成一個良好的習慣，從零到一，就是突破，後面的二、三、四……都只是慢慢去培養和複製而已。

過去我也有很忙碌的時候，不過一樣至少看個五分鐘的書，有個方法也可以推薦給大家，就是把書放在常見的地方，像我都會放在電腦旁邊，那使用電腦前就可以看一下，我有時也放在床頭櫃上，睡前就讀一點點，不必太久，只是要求自己有做就好，順著人的習性，越簡單越輕鬆那我們就越可能去做。

如何加快閱讀速度

如何加快閱讀速度也是許多人問過我的問題，坦白講我的閱讀速度並不算是太快，我也沒有真正的去學習過速讀相關的課程，不過也是有看關於速讀的書和自己練習來提升速度的。

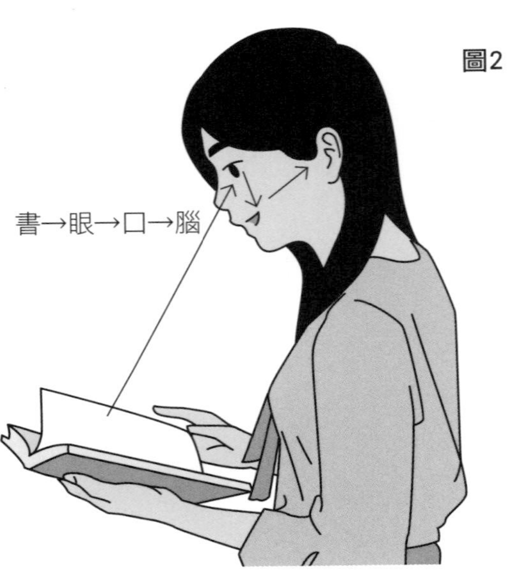

圖2

講到閱讀的速度，其實是不一定的，要看你讀的書是什麼，如果你對所讀的書籍有些經驗在的話，那讀起來就會比較快，就像大人如果看兒童的故事書就會比小朋友讀得快許多，如果是完全沒有接觸過的領域，那讀起來自然就比較慢，像我讀成功學相關的書籍，大概兩個小時內可以讀完一本兩百多頁的，但是像我讀經濟學或是人文類的書籍，那可能兩個小時才看個四十頁。

那到底有沒有看任何書都讓我們快一點的方法？

有的，不過即便是方法仍然需要練習。

圖3

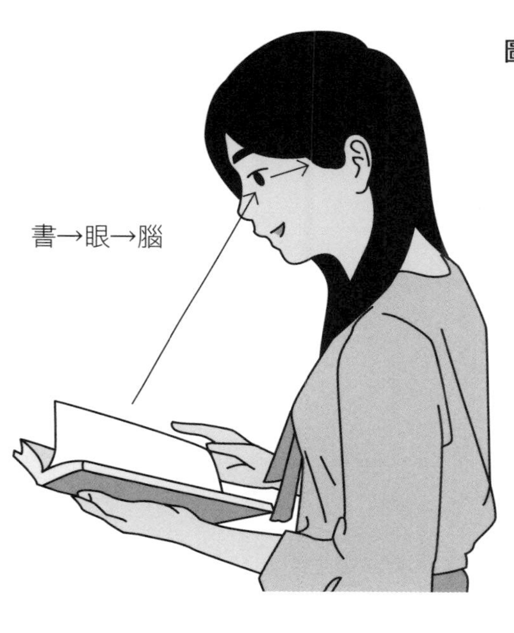

首先，我們要先了解正常我們閱讀時會發生的事，當我們看到文字，接收到資訊後，通常我們會在心中默念，再傳送到大腦。（見圖2）

由此可知，我們閱讀會慢是因為我們會在心中默念（讀字），如果你不在心中默念，用看的速度就會快很多，就像是用眼睛去掃描一樣，少了默念這個步驟，我們看到的資訊就會直接輸入到我們的大腦。（見圖3）

所以光是用看的就比用讀的快速許多，剛開始可能會不習慣，不過確實有辦法經由練習達成。

再來就是擴大我們視角的範圍，盡可能不要一個字一個字的去看，而是一次看一個句子，剛開始可能沒辦法看完整的句子，所以可以先練習在換行時從第四或五個字看，

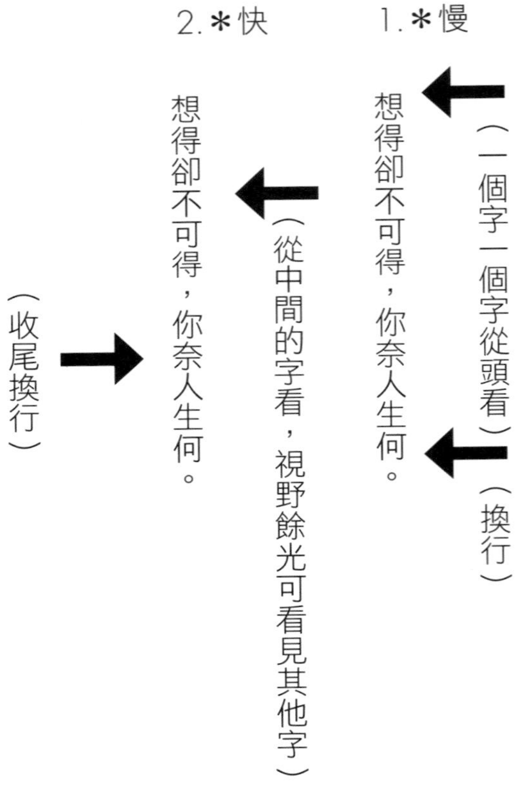

1.＊慢

（一個字一個字從頭看）（換行）

想得卻不可得，你奈人生何。

2.＊快

（從中間的字看，視野餘光可看見其他字）

想得卻不可得，你奈人生何。

（收尾換行）

圖4

視線的餘光仍會掃到前面，收尾時也是一樣。（見圖4）

坊間有許多推崇速讀的書籍或是課程，我們看書速度確實能夠提升，不過回歸到最重要的就是我們如何運用這些我們所學到的知識，畢竟知識不是力量，運用知識才是力量。

我曾聽過一位朋友分享他的閱讀經驗，他看的書比我多，速度也比我快，一年讀上百本，但是他所選書的內容都差不多，所以他在分享一些內容的時候都是環繞差不多的主題，沒有太多新的知識點。

好比說，吸引力法則或勵志的書，即便你看了一百本，他們所要傳遞的核心內容其實都差不多，同樣的再看一千本也沒有太大意義。

我並不反對看勵志書籍，我以前也從勵志書開始出發，但隨著自己的成長和碰到的問題，就會了解到光是激勵是不夠的。

愛因斯坦說過：「我們不能用製造問題的同一思維水平來解決問題。」看一百本內容差不多的書，當然可以很快，因為內容所談相似，正如同一門考試科目，只是換了不同的參考書。

總結，閱讀速度我們可以提升，但絕對不是看得快就能對我們人生有絕對的幫助，這只是在幫我們節省時間，所以接下來我會談怎麼更有效的閱讀。

如何更有效地閱讀一本書

在前面篇章提過，一本書只要能夠有一個觀念能夠影響我們那就足夠了，還談了一些選書的方法及如何提升閱讀速度。

這一篇要談怎麼有效地去閱讀一本書，所謂的有效，那就得從我們的問題出發，或者是我們需要掌握一些技能及知識，有幾個我常用的方法你可以參考。

一、**閱讀作者的序**。

有些人可能會覺得書的序並不重要，直接略過去看內容就好了，但其實序就是一本書的命脈，作者通常會把全書所要傳達的精髓和出書的動機在序中寫出來，所以讀序能夠快速幫我們了解書中內容的核心，讀完序後你可以在由目錄當中去看，選出你認為現在對你較有幫助的內容去讀，不過在這邊也要注意的是，許多書是有連貫性的，有些知識點沒有了解，直接去讀後面會接不上，所以也不見得每一本書都能這樣閱讀。

二、**運用便利貼**。

我的便利貼並不會寫的很多，大概就一兩句話或者只標注這個章節在談些什麼，這個做法是讓我們能夠更快找到我們想要的訊息。我做的筆記都會很短，因為書的內容不必在把它寫一張便利貼出來，便利貼最好是寫自己相關的一些經驗，這樣才會有連結，有些便利貼甚至可以拉出書本，貼在常見的地方，我就會把對我當下影響很深的觀點，寫在便利貼上，然後貼在電腦前讓自己能夠一直看到，作為提醒。

三、**運用131讀書法**。

所謂的131讀書法，前面的1是一言以敝之，就是一句話講完這本書，3是指整理出三個重點，後面的1是要我們列出一個可以執行的計畫，我們讀書會就很常使用131的讀書方法，因為運用131讀書法可以讓我們更有效且有深度的去掌握一本書。

以上的方法可以結合在一起運用，以131讀書法的話，剛好能先讀作者的序，然後把序精煉成一句話，再來從目錄著手，選三個章節來讀，就能夠產出三個重點，最後可以再用一張便利貼寫下讀完書後，具體能做的行動，這樣子讀書不僅簡單、省力還能深度的瞭解一本書並落實於生活當中。

我很喜歡去產出一些讀完書的心得，不論是透過寫作、演講又或是錄成音頻，我不認為自己總是能把書的內容整理的很好，但透過產出能夠鍛鍊我自己，這才是我想要的。

我很認同「以教為學」的概念，就是要學好什麼，就先去教別人什麼，因為在教的過程當中我們必須得動腦，也就能夠幫助我們更去熟悉和深入的了解所學的內容，這對我來講就是很有效的閱讀和學習方式。

我是我所見

這一篇和大家聊聊，我自己在看書時碰上的事，我想這也沒有好與壞，總是一體兩面的。

當我看的書越多，就會覺得自己越渺小，因為覺得自己知道的不夠，所以就會很想要再吸收更多的知識，這樣可以一直學習，但也有可能掉入學習的陷阱，就是一直學習卻沒有練習。

還會碰上覺得看書看得不夠快這件事，曾經有人問比爾蓋茲和巴菲特最想要的超能力是什麼，他們都認為是一目十行的能力，巴菲特跟比爾蓋茲都已經讀很多書，算是超級會讀書的人了，他們也都覺得自己看書不夠快，我也一樣，即便懂得一些讀書的方法，但還是想要更快，這也容易陷入求量不求質的陷阱。

書讀越多也就會慢慢的通向比較厚重的一些書籍去看，我自己以前就覺得三百頁的書我看不下去，不過隨著慢慢的累積，反而覺得厚重的書更應該要去讀，那個知識密度才是更足夠的。但我也因此買了許多大書，覺得很重要，卻又翻不下去。

再來，有時我們真的很難記住書上的內容，三天前看的可能一下就忘記了，我也曾為此煩惱過，覺得讀那麼多結果都記不住，好像很浪費時間，但如果要花時間回去讀已經看過的東西，也會覺得浪費。

不過有讀總比沒有好，我很喜歡一句話「我是我所見。」也就是我只能看見我所能看見的，而我看見的又塑造了我。

所以對那些我無法留住的或無法做到的，不必太苛責，畢竟走在讀書的路上，就該享受書本帶來的一切，讀書也會碰上問題，就像人生總有挫折，我們能決定的很多時候就只有心態了。

行萬里路不如讀萬卷書

古人說：「讀萬卷書不如行萬里路。」意思是要我們坐而言不如起而行，但如今這句話常被不讀書的人掛在嘴邊，當成不去讀書的藉口，反而本末倒置。

再來，事實上讀萬卷書反而比行萬里路難的多，仔細想想要我們一天走個五公里其實不難，但一天讀五本書可就不一樣了，腦袋應該是被轟炸的狀態。況且我們可能一個星期還看不到一本，一個月如果有一本也不錯了，不過這樣一年才十二本，十年才一百二十本，一百年才能讀到一千多本，這樣算下來快要千年才能讀到萬卷書。

像我平均一個星期可以看一本書，一年差不多五十本，那離讀萬卷書還要兩百年呢，所以我才說：「行萬里路不如讀萬卷書。」在這個世界上，我也很肯定行萬里路的人肯定多過讀萬卷書的人。

其實在讀書的路上，我也碰過有些人會和我說，書讀再多都不如自己去體會人生。而我也同意人生許多事總得自己經歷過才會明白，但書中自有黃金屋，書裡的智慧更是讓我們人生昇華的催化劑。況且我讀書我也沒有放棄生活啊，多讀書反而影響了我的人生，讓我可以把書中的觀念拿在生活上用，同時也能把生活中的體會去結合書裡的內容，驗證看看書裡的智慧是否經得起考驗。

在求知的道路上是漫長的，可能有人覺得是需要耐心，但求知是什麼？真的有一個

「知」能夠滿足我們嗎？我想不是的，我們永遠不會了解完所有我們想知道的一切，所以這樣一條無止盡的道路，比起耐心我認為更重要的是樂在其中，去享受學習和成長的過程。

當然，我和許多人一樣，想藉由讀書來獲得人生當中的成功，不過事實上我們不可能看完一本書就能得到成功的，如果可以的話，那世界上只要出一本書就好了，但我們都知道那是不可能的，不過因此而不讀書那我們肯定會錯過不少學習及成長的機會。

讀書影響了我的人生，也成為了我生活中不可或缺的一部分，期待在看這本書的你也成為讀書人。

寫作

用文字內斂情感，
是最深邃的表達。

不知覺地從小寫起

說到寫作這回事，我不認為自己的文筆很好，尤其用字遣詞還算是白話居多，不過我從小也發現到自己很喜歡書寫，還不管是文章或是詩詞都寫，我也不曉得為什麼，也許這就是人家說的天賦吧！

國小的時候我就有寫詩的經驗，可能覺得上課無聊吧，我就會在課本或是白紙上把自己的想法寫上去，甚至還嘗試過寫一首畢業歌，就把字寫出來，也沒人幫我譜曲，清唱的。

以前我們的聯絡簿上，也要寫日記或是一些學習心得相關的東西，但是以前挺不認真的，都是亂寫，而且我的字都寫很大，也不好看。老師會在聯絡簿上加分，寫的好一次可以加十分，然後我都是加一兩分這種，算是差勁的。

不過有天也不曉得為什麼，我拿了一張A4的白紙，然後開始寫文章，寫滿了一整面學習到的心得，寫完我就放在聯絡簿裡，結果隔天老師看到，拿我寫的東西在全班面前表揚我，然後那一篇不是加十分，而是直接加到一百分，可以算是史無前例的了。

自那次後，我後面寫的聯絡簿就好像有源源不絕的靈感，每篇都是寫的滿滿的，好像也就逐漸地愛上用文字來表達自己的想法。

往後我在國中、高中，只要是寫文章或是心得類的作業，都是寫滿不會留下空白，縱使自己寫字不好看，文筆也不是說很好，也沒很喜歡上學，但還挺喜歡用文字來表達的，直至

寫作

今日甚至還能寫本書，就覺得自己還算長進，平時木訥寡言但想說的卻挺多的，逐漸地就把想講的話都寫成了文字。

寫卡片

我喜歡寫卡片來給予祝福或感謝，我也知道現在寫卡片的人相對少了許多，不過也因此我認為寫卡片是一件難能可貴的事，也讓我更願意用卡片或是信來去感動他人。

有次想寫卡片給我高中時的班導師蔡敏老師，就是單純的想起他想要感謝他，但我覺得一般的卡片不足以表達我內心的感謝，而且我有好多的話想要對他說，所以想說買大張一點的，後來去到文具行，我怎麼挑都覺得不對，但我就看到了作畫用的全開紙，我就想說乾脆來寫一張全開的卡片吧，我小心翼翼地把紙拿回家，因為非常的大張很擔心不小心就損傷了。

結果拿了回家又碰上一個問題，就是桌子放不下那張紙，於是我就趴在地上寫，剛開始寫就有一種寫不完的感覺，我開始就先寫了一個多小時還有一大堆的空白，又寫了一個小時看起來有點進展不過還是差不多，那時候已經深夜了，不過我打算一次把它寫完，寫了好長的一段時間，手很痠但我頂多停下來個五分鐘又繼續寫，直到筆都沒水了，到了早上九點，我又去文具行買了一支筆回家繼續寫，整整寫了十二個小時，最後數了一下大概有六千多字。

拿去學校給老師後，他也是挺感動的，雖然我也不記得當時寫了什麼，但對我而言用文字來表達，總有辦法把我內心的想法表達出來，以致往後我也經常這麼做了。

也不是每個卡片都會是琳瑯滿目的，我也會寫一些小卡片給身邊的人，不必要是什麼生日或是節日，心中有話不會說那就試著寫吧！

把調酒變成文字

前面提到，我過去曾經寫了些調酒的文章，後來開始在《SHAKETAIPEI調酒生活數位雜誌》發表文章，對我來講寫調酒的文章其實挺有趣的，畢竟也是自己的興趣。不過其實寫調酒的文章對我來講又非常的燒腦，因為寫調酒的文章其實要參考的文獻非常的多，像是經典調酒通常都有故事，故事可能就會有非常多的版本，我就必須要把相關的文章整合起來作為參考資料，而且大多數的資料都是英文，由於我英文程度不夠，所以要經常使用翻譯，寫起來就特別的慢。

這也是我第一個作家的身分，也是我個人相關以外第一個正式發文的平台，那代表著發出去的文章有更大的責任，因為文章如果寫的內容不正確就會誤導很多人，所以我們文章繳出去後還會有編輯團隊來審核，確認沒有問題後才能上架。

而我寫的文章最有名的就是經典調酒〈B52轟炸機〉了，有次我在酒吧裡調酒，有客人剛好在查這杯酒，我就和他說：「第一篇跳出來的就是我的文章了。」客人驚訝了一下，沒想到寫調酒文章的人就在前面幫你調酒。

我還有一篇文章〈我是一名調酒師〉曾被1111人力銀行拿去發在工作甘苦論壇裡，在Google搜尋關鍵字「調酒師」前幾篇就會看到了，那篇文章是匿名授權的所以沒有寫上我的真實姓名，不過那篇曾在我以前經營的部落格發過，是可以追溯的。

因為對調酒有興趣，加上自己喜歡用文字表達，也就結合成了寫調酒文章的作家，算是天賦跟興趣一併用上了，對我來講也是一個人生當中相當寶貴的經驗。

我的第一本書：邁向成功新生活

我的第一本書籍《邁向成功新生活》內容所談的是成功學，寫這本書花了我八個月的時間，寫完到出版也是八個月，總共花了十六個月。然而人是不斷成長的，所以過去寫下的一些內容，現在看來可能並不符合我的價值觀。

那為什麼我想要寫書？

因為書裡所寫的觀念，都曾經影響我，讓我開始去學習和成長，因為內容對我有幫助，我也想分享給他人，我認為我寫的第一本書非常適合剛步入社會的年輕人看，因為內容好讀且能夠運用於生活或職場上。

而會取《邁向成功新生活》這書名，是源自我第一次公開演講的主題，現在想起來我也是挺瘋狂的，那時候二十二歲還是一個乳臭未乾的小子，就在一群人面前講如何成功。

不過值得開心的就是後來那場演講的主題也變成了我的書名了。

書籍出版後，我也辦了三場的簽書會，《邁向成功新生活》是一本成功學書籍，所以我也在此先聊聊關於成功這件事。

我常譬喻成功對我來說就好像買雞蛋，今天我們要去買雞蛋，真的就一定買的到嗎？不見得，因為不確定的因素會很多，有可能賣雞蛋的店今天沒有開，也有可能去到了結果雞蛋賣完了，如果看似這麼簡單的事都有可能會有眾多的變數，那何況是成功。

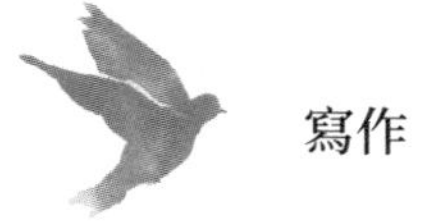

不過其實我們也都知道一件事，就是如果我們想要雞蛋，那我們就一定要去買，不管買不買的到。成功也是一樣的，我們無法保證我們一定會成功，但如果我們想要成功那就一定得去行動。

佛教說的因果，意思是有因就有果，不過有人會認為是一個因得一個果，好像種瓜就會得瓜，但其實因果指的不是一個因就得一個果，而是一個果會有許多的因形成，種瓜得瓜也得要有陽光、土壤和水，缺一不可，這才是因果。

成功學就只是其中一個因，讓我們有機會去得到我們想要的結果。而我的書是特別強調成功學最重要的三件事，藍圖、狀態和能力。沒有藍圖我們就不知道該往什麼方向去努力，相反地，清晰帶來力量，如果我們能清楚規劃藍圖並去制定目標，那我們才能知道自己該做些什麼事。

在達成目標的過程當中，我們會碰上挫折，如果遇到挫折就一蹶不振那目標也就難以實現，所以該如何調整狀態繼續往前走就相當重要。

最後則是能力，有了目標，狀態也很好，但是若我們的能力不夠那目標仍然難以達成，而在這個時代有些能力可以協助我們更快擁有資源去達成目標，好比說：學習力、演講能力、人際關係的經營等。

而我一路走來也不斷地在學習，培養能力，為的也是想成功，不過至今問我成功究竟是什麼？我能回答的就是：「我不知道。」不過知不知道成功是什麼並不重要了，重要的是邁

向成功的過程，我們的生活改變了。

到頭來「邁向成功新生活」重點早已不是成功，而是生活，邁向成功的路上，我們不斷地成長，蛻變成全新的生活。即便我不知道什麼是成功，但那也沒關係，因為我的生活已完全不同了。

出書對我的影響

出書對我來說影響不少，而且絕大多數是好處，我也列了三個對我來說重要的點與你分享。

一、個人形象的提升。

出了一本書，其實格局會打開，在別人眼中你就是一位作家，像我在酒吧和不認識的客人聊到我有出書時，他們都很意外，並對我印象深刻，甚至直接買個一本。

有次我去參加暢銷書作家冒牌生的活動並和他交流，同時也聊到我有出一本書，因此他幫我推薦到對岸的平台今日頭條寫文章，今日頭條是對岸的新聞App，用戶達三億五千萬，日活耀人數超過三千五百萬。雖然對岸十分競爭，我在那寫文章很吃力，不過觀看率是差非常多的，在那我有好幾篇文章都是上萬人觀看。

有了一本書，其實在社交方面對我也有很大的幫助，書本其實就是我的名片，藉此我可以認識到更多的人脈，獲得更多合作的機會。

不過也因為出過一本書，我們就要把自己的責任給做好，我們的行為都可能被注意到，所以也代表著我們需要更用心去經營我們的形象。

二、**了解出版的過程**。

由於出版過一本書，其實對整個出版的過程有了更全面的認識，當我們知道一本書是怎麼來的，而且親自走過這過程，未來若還想要出版其他的作品，也就有了一份經驗。

一本書出版，並不是寫好了就行了，除了寫書，還有許多事情要做。

通常來說，寫一本書要好幾個月或是幾年的時間，書寫完了還要校稿跟排版，然後請人寫推薦序，再來封面的設計還有印刷，之後還要透過經銷上架到各通路，這個過程最快也要跑上三個月的時間。

書上架後，還要整合和銷售，例如：辦新書發表會或是與書展結合去做促銷，整個過程真的讓我學習到了不少。

三、**有了一本書，就有更多的故事**。

出了一本書，對我來說也算是實現了一個夢想，而且在二十四歲就出了人生第一本書，還記得二零一八年年初，我定了要寫一本書的目標，到了二零一八年八月我把書寫完了，並在二零一九年五月正式出版，拿到書後最開心的就是自己了，我也好幾次看到自己的書時，就會回想一路走來的過程，有時還會感動的眼光泛淚呢。

有了一本書，我有了更多的故事可以與他人分享，我可以分享出書的理念、寫書的過程、一路走來的收穫，這些對我來講都是十分寶貴的經驗，而且因為有了書，我的想法還能夠穿越時空去影響一些人。

其實每一個人都是一本書，只要把它寫出來，那就是獨一無二的。當你走進書店，看到自己的書在架上時，那種感覺真的是難以言喻的美好。

九歲的讀者

說到寫完書後，出版了當然就是要有人看，而我的讀者大部分算是年輕族群，介於二十至三十歲之間居多，而最讓我津津樂道的就是我有一位九歲的讀者。

這位小讀者是我一個朋友的女兒，九歲大概是國小三年級，我的朋友買了我的書後，就給他看了，而且他還真的看得懂我在寫什麼。

而我內心就在想，我到二十多歲才開始讀書，如果能在那麼小的時候就能開始那該有多好。

我也從未想過當我出書後竟然還會有小朋友看我的書，也算是意想不到的經驗，他們還來了我兩場的簽書會，在這也要感謝他們的支持，未來我也會繼續的寫下去，或許哪天我寫的內容還能上到學校課本裡當教材也說不定，這算是一個期許啦。

而更重要的是，我希望能為所有的讀者埋下種子，看完一本書就改變不容易，但如果因為讀了我的書而讓他人的想法變得好一些，對我來說就足夠了。

玩詩社

除了一些文章，至今我不時也會寫些詩，而我寫的也都是新詩，過去我曾為了酒吧裡的調酒寫詩，所以酒單上的每一杯調酒都有搭配它的一首短詩。

雖然詩不是我拿手的，不過寫詩是一種雅致，可以用來培養自己的氣質和創意，尤其在寫詩時需要許多靈感，那就要鍛鍊自己的觀察能力，並且把自己觀察或想像到的內容轉換成文字，我覺得挺有意思的。

我有一位朋友，他就非常的愛寫詩，幾乎每天都寫個好幾篇，他也鼓勵我寫詩，於是呢他就辦了一個玩詩社，在玩詩社裡我們彼此以文會友，用文字去交流。

大家都會把自己的作品放上來互相欣賞跟切磋，甚至我們會試著微調彼此的詩，這可以讓一首詩擁有一個人難以寫出的層次。

寫詩是件美好的事，也很難能可貴，對我來說人生中能遇上會寫詩的朋友實在太難得，因為我自國小就有寫詩的經驗，但一直到二十五歲才碰上能一同寫詩討論的朋友們。

透過寫詩我們用一字一句認識自己、認識他人、認識這個世界，而這也讓我萌生了一個念頭，就是寫一本詩集，這大概也要有個兩百首詩吧，我也正朝著這個方向努力，寫完了我又多一個作品，也許還有人會稱呼我為詩人呢！

寫作功力的提升

我寫作功力的提升，其實是在我寫完第一本書後，那時候我開始寫日記，剛開始寫日記時，其實都是在亂寫，每次要寫時大概就記得些零散的內容，然後每天大概就寫幾十個字。

雖然那時候我已經寫完第一本書了，但要我寫一篇一千字的文章還是非常的費時費力，但自我開始寫日記後，我寫的內容逐漸豐富，從幾十個字，到一百個字，再來就好幾百個字，甚至後來日記經常就寫到一千字以上，這不僅只是明顯寫的內容可以延伸的更多了，還表示著我對自己每天的生活有了更多的留意和回憶及情感。

每天寫日記也成為了一種習慣，後來甚至十五分鐘就能寫上一千字，當然寫了多少字並不是最重要的，重要的是記錄了自己的人生，我不時會回顧我的日記，看看自己過往所寫下來的字跡。

我覺得寫日記最重要的不是寫完，也不是寫的過程，而是開始，因為有了開始才有後面的過程和寫完。

開始寫日記是鍛鍊自己用文字表達的好方法，我的日記有兩種，一種寫的是文章那是給別人看的，還有一種是寫給自己看的。給別人看的日記記錄著能公開和別人談的話，而給自己看的有好多是永遠不會對別人說的，放在心裡的話。

同時，日記像是回憶，可以記錄在每個時刻當下的情感，可以讓我回首看過去的自己，有時覺得過去的自己挺傻，有時也覺得過去的自己很努力。看到每個階段都在改變的自己，也更能深刻體會到無常。

如何寫出好文章

有些朋友會問我怎麼把文章寫好，我認為自己算是愛寫，不算寫的好，不過在許多人眼裡還算寫的不錯，我也常被問到：「什麼時候要開一堂寫作課？」

對於怎麼把文章寫好，有許多人比我更專業，所以我不敢談，不過我能夠就我所學習到的，寫一篇好文章的方向，給出些基本的建議。

一、**真性情就是好文章**。

人家都說真性情就是好文章，我想是的，實踐家教育集團董事長林偉賢老師曾說過：「一個好的演講，就是真誠用心的表達生命的感動與學習的分享。」換到寫文章也是一樣的，比起文筆更重要的就是我們的真誠和用心。

把我們真實的情感書寫出來，哪怕用詞白話仍然可以打動人心。

二、**先寫爛文章**。

每次被問到如何寫出好文章，我的第一個回答就是先寫爛文章吧，而每次回答完都讓人一臉茫然的看著我，挺有趣的。

先寫爛文章這個想法是我從《薩提爾的對話練習》看到的案例，有一個小朋友在上作文課，因為不知道如何寫出一篇好文章，於是遲遲沒有動筆，最後著急的哭了，而李崇建老師就和他說，如果寫不出好文章，那就先寫爛文章吧！

像畫家畢卡索也是畫了兩萬多幅畫，最後成名的也就占少數，我想寫文章也是一樣的，我們不會每一篇文章都寫的很好，但如果寫出的量足夠多的話，不僅更容易有好的文章出現，也因為我們練習的更多了，能力也會逐漸提升。

三、**把無情寫出來**。

把無情寫出來，是我從《作文七巧》裡所學習到的，我認為這是一個很有用的觀念，書裡提到：「情是肺腑之言，無情也是。」我們不會對生命當中的每一個人或每一件事都擁有情感，然而這樣的無情也是真實的感受，那就把無情寫出來。

在了解這個觀念之前我很擔心自己的無情，好比說我參加完一個活動，但是卻沒有什麼收獲，我可能就會覺得是自己的問題，別人都有心得而我卻沒有。這也是忽略了我們每一個人本來就是不一樣的，即使面對同一件事情也會有不同的體悟，甚至是沒有體悟。

我們不必強求對任何事都有感覺，如果知道自己沒有感覺，那也只是沒有而已，把真實的感受表達出來就行了。

如何架構文章

寫文章應該怎麼去架構，我常用的方法有三個。

一、目標在望、出現干擾、全力以赴

這是在《作文七巧》裡提到的，一個好的故事通常都有這三個階段，想想我們看的許多卡通或是電影大多數都是如此的，主角有一個目標，然後去追求的過程當中會有許多的干擾和挫折，而面對這些困難，他們總是會全力以赴，那結果不論是好是壞都能是一個振奮人心的好故事。

那大至人生夢想，小的話買杯咖啡都行，只要有相關的故事都可以把它記錄下來，並運用這個方法來寫成文章。

二、三個自定義

所謂三個自定義是當我們要寫一個主題時，可以自己去定義出三個重點，好比說，「如何擁有好人緣？」我可以定義為：1.懂得聆聽。2.欣賞並讚美他人的優點。3.真誠的給予關心。這就是三個自定義，換做別的主題也可以，好比說，「如何讓自己更有自信？」我會定義為1.了解自己的優勢。2.接納自己的不足。3.願意反省自我並改進。

任何主題都可以讓我們去做練習，可以自己從生活當中去發想，除了練習外也能藉此建構自己的一套知識架構。

圖5

舌	身	意
鼻	主題	天
耳	眼	地

三個自定義，還能夠再更深入一些，好比說我們前面提到如何擁有好人緣的第一點是懂得聆聽，那我們可以再去定義聆聽的三個重點，好比說，1.專注的眼神。2.平靜的內心。3.開放的態度。這樣我們就可以針對一個主題不斷深入去探討，甚至可以挖掘更深層面的思想整合成一本書。

三、曼陀羅思考法

曼陀羅思考法是運用九宮格的方式去整合想法，先畫出一個九宮格，然後把主題放在中間，另外八格就是主題的延伸，分別填上：眼、耳、鼻、舌、身、意、天、地。（見圖5）

眼、耳、鼻、舌、身指的就是我們的感官感受，好比說，冰淇淋甜甜的，那就是舌的感受，運用感官感受可以幫助我們在寫文章的時候更加的生動。

而後面的意、天、地。意指的是意識也就是我們在想什麼，而地指的是空間，天指的是時間。

我們在架構文章時，也可以用這種方式去做。好比說，我來寫個放學的主題。我就把我會想到的寫上去，就拿以前我在國小時和同學去校門口買雞排吃為例。

眼：看到同學。

耳：聽到放學的鐘聲。

鼻：香味。

舌：吃雞排。

身：衝。

意：開心、滿足

天：念國小時。

地：校門口、雞排攤

設定完成後，就可以開始寫了，我寫一篇短的試試。

範例：回憶過去，在念國小時（天），每當放學的鐘聲響起（耳），就會看到同學們往校門口衝（眼、身），因為學校斜對面有間雞排攤（地），遠遠就能聞到那股香氣撲鼻（鼻），每次和同學們吃到香雞排感覺就是開心和滿足（舌、意）。

這樣一來所有想到的內容都架構進去了，內容就會顯得更加豐富，哪怕文筆不怎麼好，也能透過這樣的方式讓我們的內容更生動，也就比較不會不知道該寫什麼，在文章上也比較不容易漏掉感受。

這可以多加的練習，對我們寫文章是很有幫助的。

分享

懂得分享的人，
收穫才是最多的。

最高分的報告

高中時有次要分小組做簡報並且上台報告，因為我們是觀光科，所以主題就是世界各國，而我那一組的主題是義大利。

還記得那時我還故意鋪了一個梗，就說我們這組做足了準備，要報告全世界任何一個國家都沒問題，那究竟要報告什麼國家呢，就由天意來決定。

我的簡報第一張就放世界地圖，然後我說世界國家那麼多，我們先從洲開始選吧，我就閉上眼睛亂指（當然是知道的），就指到歐洲，全班這時就笑了。

然後範圍縮小在歐洲，再來就是國家了，我把歐洲的地圖拉出來，說國家由同學們選擇，那該由哪位同學選呢，就用抽籤的，那時候抽到十七號，然後還沒等他反應過來，我就說：「你的眼睛已經告訴我，你發現了這張地圖的祕密，就是這張地圖裡藏有一隻靴子（義大利的地圖是靴子的形狀），那我們就來揭開這個靴子的祕密吧，所以我們要報告的就是義大利！」

雖然這是一個鋪得極為明顯的梗，但卻也成功吸引了大家的注意，後來報告十分順利，最後呢，我們這組拿到了第一名，還得到了當時班導師從日本迪士尼買回來的禮物。

這件事讓我往後在學校報告都充滿了信心，以致我在學校報告都努力的去準備和練習，甚至在高三時我的專題報告也拿到了全班最高的分數，那時候我報告的是「分子調酒」，負責指導專題的老師還說：「你已經是最高分了，實在沒辦法再幫你加分了。」

可能在高中這個階段，我就有點喜歡上台分享的感覺了，在那時對我來講是很有成就感的。

我的第一場公開演講

在我開始接觸卡內基訓練後，我開始有了想要成為一名講師的想法，後來我也去學習了公眾演說的課程，那時候就很想辦一場公開的演講，在因緣際會之下，我的好朋友Jerry幫我找了一個非常棒的場地。

然後我開始準備這場演講，我們也開始廣發訊息找人來聽，因為是第一次公開演講，朋友們都還挺願意來支持的都紛紛報名參加。

演講的前幾天我們不斷重複的場勘，那一天演講是晚上，但一早我就到了會場，我和Jerry就開始排練一些內容，他負責主持和簽到等，我負責主要的演講，還有後續的一些互動。

從早排練到演講前，我們一直調整狀態，不過仍然緊張，還記得我們也鋪了不少的梗在那場演講，好比說，Jerry會講學習成長就像是把斧頭磨利的故事，講完就拿出一支斧頭，然後我穿著整套的西裝進場時就有賭神的音樂，在這些有趣的開場下演講氛圍還算挺好的。

到了演講結束，我們所有人一起唱了一首歌〈真心英雄〉，這是我非常喜歡的一首歌，歌詞是李宗盛寫的，非常激勵人心，在歌放著唱著的同時，我感動的淚流滿面向每一位來參與的人握手道謝，雖然現在回想起來還挺傻的，不過也很感動，事後也有朋友說他都感動到哭了。

我特別有感覺的就是歌詞裡副歌的那一段：

把握生命裡的每一分鐘，全力以赴我們心中的夢，不經歷風雨怎麼見彩虹，
沒有人能隨隨便便成功。把握生命裡每一次感動，和心愛的朋友熱情相擁，
讓真心的話和開心的淚，在你我的心裡流動。

那時候的主題就是〈邁向成功新生活〉，我也很感謝那次的演講，後來還成為了我的書名。在那之後我差不多每個月都會辦一場演講，若不是我分享，那我也邀請別人來分享，我自己講的主題有〈從心認識自己〉這是關於內在的，還有〈世界之最〉這是我與所有世界大師學習的心得分享，邀請他人的有來自馬來西亞的生命鬥士曾志龍的分享，還有當時合作的房地產講師的〈房地產投資和你想的不一樣〉及組織行銷的女力講師晶晶老師的生命故事。

如何鍛鍊演講的能力

我也時常被問到是怎麼鍛鍊演講能力的，若要說我很會講其實也沒有，但是下的苦功其實還不少。

起初，我是隨便選一些主題，通常就是我所學習到的觀念，有可能是實體課程學的也有網路上學的，他們講什麼我就寫下來自己講一遍，然後開始就拿著手機自己錄起來，每一部大概都用三分鐘左右去談一個主題，就這樣一部接著一部，後來也錄了兩百多部的影片。

回過頭來看自己當初的影片還會覺得非常的蠢，因為講的真的是超級爛的，自己看了還會尷尬，甚至還有一些影片是在廁所錄的，因為上大號時坐在馬桶上也沒事幹，就在馬桶上錄演說的影片，這些影片大部分都有分享到我經營的群組，前期的話人很少，所以看過的人自然少了，現在這些影片都還有存檔，不過暫時我不會放上網路了，因為真的覺得丟臉，所以留著自己紀念，不過也不是說完全沒有上傳的機會，說不定哪天我心血來潮還是會放上網分享的。

這是我鍛鍊自己演講的方式，找主題然後錄影片自己看，當然會有許多要調整的地方，但絕對不是要求要完美，而是先求有再求好，不斷去修正。

我有時候邊講還會笑場，或是腦袋一片空白，但這都是鍛鍊的過程，沒有這樣的開始，也就不會有能力上的提升，唯一的辦法就是操練，我們要知道我們即便講的不好，都比不講好上太多了。

有次我也被朋友問到關於分享這回事，有人和我的朋友說你應該要多做而少說，但也因為這樣導致我的朋友想分享卻不敢分享，而我認為多做少說某種程度是對的，行動其實也算是一種分享，因為我們所做的事會成為一種示範而去影響到他人。

不過我還是得強調口頭的分享是很重要的，因為當我們去用說的分享時就不僅是在鍛鍊自己，我們和別人交流的過程也會得到回饋，這個回饋可能是好的或是不好的，那都沒有關係，因為重要的不是好壞而是我們有沒有做這樣的練習，那沒有收到任何回應的話呢，其實也沒關係，因為沒有回應也是一種回饋，我們可以得知到也許聽的人對我們所講的並沒有共鳴，我們就可以從中學習和調整。

在我的書《邁向成功新生活》裡也提到，任何行業我們做到極致都會成為一名分享者，像是國際名廚江振誠，他是米其林星級廚師，但他現在也出了幾本書，也開始到處演講和授課，做到極致會成為一名分享者是很好，但反過來想，我們可以先成為一名分享者，當我們有辦法先跟別人分享和演講，我們就能更快速的將我們的想法散播出去，甚至更快找到資源。

我相信鍛鍊演講的方式有許多，你不見得要和我一樣，重要的是了解到演講的好處，並找到合適的方法鍛鍊自己，不用怕丟臉，我們就是在鍛鍊而已。

如何準備一個完整的演講

《與成功有約》這本書提過「以終為始」這個概念，我認為在準備一個演說前最重要也是先知道自己最終要做到什麼，也就是弄清楚我們的目標。

光是用這個想法去思考，我們在準備一場演講的時候就會去考量到更後面的事，好比說寫作的時候，我們要想的就是讀者看了之後會有什麼反應，我們想要傳遞什麼，這就是核心，畢竟演講不是一支獨秀，而是聽眾陪我們演戲，甚至可以說聽眾才是真正的主角，沒有聽眾是不能造就一場演講的。

這邊我也分享一個我十分常用最簡單的一個演講架構，有三個步驟，分別是引言、證據、呼籲行動。

首先，引言就是先做一個開頭，這個開頭可以使用一些名言佳句，像是阿里巴巴集團董事長馬雲曾說過：「晚上想想千條路，早上醒來走原路。」這是在說多數人都只是想，想來想去還是做一樣的事沒有改變。

那為什麼我們要引用名言呢？

因為名言佳句更具有力量，名言佳句之所以成為名言佳句不僅只是因為它是一句很好的話，而是因為說出那句話的人擁有那個影響力，如果是一個餐廳的服務生說出來的成功道理，那可能只會被當成屁話，所以引用名言我們就可以借用那些名人的力量，來讓我們的演

說變得更有影響力。

我們在引用名言時，不一定總是要說名人講過的話，書籍裡面提到的內容也都可以做為引言，像是成功學的經典暢銷書《思考致富》這本書提到：「意念成就事實。」

如果我們所講的內容有出處，那可信度會更高，所以懂得引經據典，對我們演講時就有非常大的幫助。

第二步驟是證據。

我們用引言開場後，接著就要談到我們相呼應的內容，這個內容某種程度要是一個證據，要去證實你剛才所講的話，那這個證據可以如何呈現呢？

最簡單的就是說故事，這裡有個前提，故事的話不論真假都能影響人心，你看我們小時候就讀過許多的故事書，好比說龜兔賽跑、三隻小豬，這些不是真正的事實，但人們喜歡聽故事，並能從故事當中有所啟發。

那當我們要講有深度的內容時，當然就不能只靠故事了，需要一些書籍和科學上的證據去輔助，像是我在談《五秒法則》這本書時，就一定會談到原理。《五秒法則》這本書它就是改善拖延症的方法，倒數五秒就去行動，但這看似沒什麼的內容，為什麼能夠寫成一本書呢？其實它有關於神經學，在我們運用五秒法則去行動時會活化我們大腦的前額葉皮質，這個部位是控制我們理性思考和行動的部位，它越活化，我們就能更有判斷力的去採取行動。

當我們的內容談到科學出處時，可信度就更高，而不是空泛的幾句話卻毫無依據，而更高一層級的證據就是把實驗數據給搬出來，經過實驗的內容不僅有趣，還能鋪陳讓人想聽到最後，像是我很喜歡一個爆米花的實驗，這個爆米花實驗就是研究人們在看電影時什麼情況下會吃最多的爆米花，是看恐怖片還是無聊的片還是故事豐富的片，你也不妨停下來猜一下。

這個實驗把各種情境都嘗試了一遍，經過各種實驗數據的結果，最後得出一個結論，不管男女老少，電影好看與否竟然都跟吃多少爆米花沒關聯，因為實驗結果是研究人員在盒子裡裝多少爆米花決定了他們吃的量，也就是爆米花裝的越多，人們吃的就越多，裝的少，人們就吃的少。

這就是很有意思的實驗，不僅有趣還令人印象深刻，在許多常被引用的經典書籍當中就有許多這樣的實驗，像是《不當行為》《認知天性》《快思慢想》等書籍。

再來還有一個證據，那就是親身經歷，當我們在分享親身經歷的事情時你就是一個證人，也因為自己經歷過，你說出來的內容也不會再與另一個人完全一樣，那是獨一無二的，沒有人有辦法講的比你還好。

而我在演講中最常用的就是穿插這些內容，不僅引用名言，也會把書籍和科學實驗拿來談，再分享自己經歷的故事，這樣的內容就非常的豐富，有親身經歷的事是最值得一聽的，要不然大家都讀書就好了，不必聽你說，就是因為你有自己的經驗才讓能讓這個演講更深入人心。

第三個步驟是呼籲行動。

一個演講最終都會走到結束，但是演講的結束才是真正的開始，聽眾回去後能不能因為一場演講而有所收穫這是最重要的，否則他沒有必要浪費時間來聽。

當然，聽眾不太可能聽完一場演講人生就完全改變，演講可沒那麼神奇，不過我們總能影響到他讓他可以做出一點改變。

有許多很好的演講，但結尾草草了事並沒有呼籲行動，那其實相當可惜，所以如果在演講後能夠做一個好的收尾才能讓演講發揮最大的效益。

那該怎麼做來呼籲行動呢？

最簡單的方式就是告訴聽眾好處，舉例，以時間管理演講做為結尾，我們可以說：「所以學會了時間管理，就能讓我們做起事來更有效率。」或是「學會了時間管理，就可以讓我們活得更輕鬆自在。」、「學會時間管理，我們就能擁有更多時間去追求自己想要的一切。」這些都是把好處說出來的呼籲行動，簡單好用也能鼓舞人心。

那呼籲行動也可以更加的具體，像是你可以提及演說的內容，以前面提的時間管理為例，我們可以說：「當我們懂得運用時間紀錄表來記錄時間用在哪，那我們就能更清楚一整天究竟忙了些什麼。」

再以學習完演講為例，我們可以說：「所以學會了完整演講的三步驟，我們就能在演講當中發揮更大的影響力。」最後可以在附上一句「希望我們都能去實踐並成為一位有魅力的

演講者。」

在後面的篇章也會再次提到如何做好一個演講的結尾。呼籲行動，不必講得太深，最好具體有個方向不過也要遵守簡單好實踐為原則，重要的就是鼓勵聽眾去做並且願意嘗試，如果我告訴一個完全沒有在看書的人呼籲他每天看書一個小時，他回去後應該不會有任何改變，因為對他來講太遙不可及了，但如果我告訴他，每天只要花個五分鐘把書本拿出來翻一翻，那他要去做的可能性就更大，因為簡單的事人們去做的意願就更多。

這三個步驟就是我最常運用準備演講的方式，短至一分鐘的分享，長至一個小時的演講，都能運用以上三個步驟，讓我們的演講變得更加完整豐富。

如何做一個演講的開場

在一場演講當中開場相當的重要，能做好開場對我們的演講是非常有幫助的，在此我會將我在演講時常用的開場分享給你。

一、**利用讚美來開場**。

人通常喜歡被讚美，所以這是會吸引聽眾專注聽你說話的好方式，通常我會說：「大家今天犧牲自己可以休閒玩樂的時間來到這聽演講，相信大家都是熱愛學習的，這非常值得敬佩，所以請給你們自己一個掌聲！」當我們讚美聽眾來到這裡是熱愛學習的，他也會因為來聽演講這個事實而認同自己是熱愛學習的，那他們在接下來的演講也會更願意聽下去。

不過讚美也不能總是一成不變，我們可以針對不同的族群去做讚美。

我過去曾被邀請到保險單位演講，當時我用的開場是：「我們每個人都擁有各自的家庭，而我們所做的努力都是為了給我們的家人擁有沒有後顧之憂的保障，而這幕後最大的功臣就是在場每一位最優秀的保險業務戰將們，因為有你們我們才可以擁有更多的保障，也因為有你們才能使我們的國家和社會更加的進步，所以請給你們自己最熱烈的掌聲！」

二、**利用懸疑的方式來開場**。

像我曾在我的演講〈從心認識自己〉裡用過的一招，一上台就跟大家說：「大家好，真的非常的抱歉，我們今天的演講取消了。」停頓一下，這時大家會有各種反應，大多數是滿

的意料。

當我們用演講已經取消的方式來開場時，非常能抓住聽眾的注意，因為這絕對出乎他們

臉狐疑，這時稍微等待一下，再跟大家說：「沒錯，今天的演講是取消了，不過我們真心的溝通開始了，接下來就開始我們今天要聊的內容，從心認識自己。」

還有一個我曾用過的懸疑開場，一般演講者的第一句話通常就是打個招呼說：「大家好！」而我用的是：「各位股東好！」這時就會看到大家的表情十分的錯愕，接著我再來解釋說：「在你們進來教室前，你們是陌生人，進來以後你們就是同學，同學之間互相認識了你們就是朋友，然而因為大家互相走進彼此的生命豐富彼此的人生，所以你們都是別人生命中的股東。」這時沒完，我還會請他們跟坐在一旁的左右鄰居握手說：「股東，謝謝你豐富了我！」這樣也多了一個互動。

三、**用幽默的方式開場**。

例如，我曾演講過一場調茶的講座，那時候主持人把我介紹的很厲害，說特別邀請到來自新竹，超越五星級飯店水準的調酒老師林保華林老師，來到這裡跟大家分享調茶。

然後我就上台，先感謝主持人，並說：「其實我並不是很厲害，但是如果你說我很帥，那才真的是實至名歸。」這時候聽眾都會笑一下。

還有一次是我在分享蔡康永的書，然後我介紹說我跟蔡康永一樣都是作家，只是他寫的是暢銷書，而我寫的是滯銷書，我們都知道暢銷書有很多，但鮮少聽過滯銷書，而物以稀為貴，所以能看到我的書甚至聽到我的分享更是難能可貴。

四、用問句。

用問句來開場是很常見的，最簡單的就是用正面肯定的問句，像我去上過很多關於賺錢的課程，講師通常就會問說：「今年想比去年擁有更高收入的人可以舉手讓我看一下嗎？」或是「有沒有人今年收入想比去年多五倍以上的？舉手讓我看一下。」通常這種問句都很肯定於是大家會舉手，那接著講師就會說：「跟你的左右鄰居擊掌說你來對地方了！」

換做別的主題也可以發揮，好比說，公眾演講的講座就可以說：「想在今年學會公眾演講，將自己的影響力放大到五倍十倍以上的舉手讓我看一下！」在講這句話時也要搭配上自己的肢體動作，自己也把手舉起。

再來用問句開場還可以用出乎意料的問題，好比說，請問大家一加一等於多少？大家可能就會覺得奇怪怎麼會問我這麼簡單的問題，答案不就是二嗎？當有人回答二時，我們就可以接著說：「是嗎？還有沒有其它的答案？」這時聽眾通常就會開始懷疑自己的答案。

接著我們可以進入我們的主題，可以說：「沒錯，表面上數學的答案一加一會等於二，但今天講團隊合作的話，一個部門加另外一個部門，有可能因為溝通不良的關係還不如過去的獨立運作，所以今天我們就要學習如何透過溝通建立良好的團隊合作，發揮最大的效益，讓一加一能夠大於二！」

五、說故事。

我在演講時經常說磨斧頭的故事，有一個老人和一個年輕人每天要上山砍木頭，年輕人發現老人砍的木頭總是比自己的多，於是決定早一點上山去砍，結果還是比老人砍的木頭少，於是年輕人又更早去砍木頭了，而且不只更早去砍，還更晚下山，但是結果還是砍的比老人少，於是他便問老人，是怎麼辦到的，老人便和年輕人說：「雖然我比你晚上山也比你早走，但我回去之後都會花時間把我的斧頭給磨利。」

一般人一把斧頭一直砍，斧頭鈍了不去磨，就要花費更大的力氣去伐木，但如果懂得把斧頭磨利，那就不用那麼辛苦，反而事半功倍，而肯來花時間聽演講和學習，就是在把成長的斧頭給磨利。

這時開場完我還會說跟你的左右鄰居擊掌說：「一起把斧頭給磨利吧！」

有一些老掉牙的故事也可以用來講，並且套用在自己要說的主題上，好比說講投資理財的話，可以講三隻小豬的故事。

豬老大，蓋的是茅草屋，蓋的很快但是不堪一擊，一吹就倒了，這就像投資裡想要快速獲利，進出場非常的快，當然風險就非常高了。

豬老二，蓋的是木頭屋，雖然比茅草屋牢固許多，但想要住的長長久久也不太適合，這就像是我們投資時，可以穩健的經營，不過少了長期的規劃。

豬老三，蓋的是磚頭屋，最堅固，不過也要花更多的時間，這就像是長期的投資，短期沒有什麼效果，需要拉長十年、二十年來看。

雖然是老掉牙的故事，不過也能給我們一些啟發。

如果下次你有機會要演講時，也可以用以上分享的五個演講開場，可以自己稍微改編一下變成自己的版本，在一開始就吸引聽眾，讓他們想要聽你繼續說下去。

如何做一個演講的結尾

前面提到了架構演講的方式，還有演講的開頭，自然也少不了演講的結尾，也分享幾個我常運用的方法。

一、**再次複習重點**。

這個複習重點就不要太多，把一場演講的精華給帶出來就好了，像是我講〈邁向成功新生活〉這個主題時，我可以這樣說：「所以我們今天學到了要邁向成功最重要的三個關鍵，第一個是藍圖、第二個是狀態、第三個是能力，這三點是最重要的大家一定要把它記下來。」

這個複習重點可以提三點就好，太多聽眾也會記不住。

二、**說故事**。

有一個故事是我很喜歡用的結尾，一個男孩發現了一隻受傷的小鳥，然後抓了牠去找他們鎮上最有智慧的老人，這小男孩問老人說：「猜猜我手裡的小鳥是活的還是死的。」老人看了一下便笑笑的說：「如果我說是死的，你手一打開小鳥也許就飛了起來，如果我說是活的你手用力一捏小鳥就死了，所以我沒有答案，真正的答案在你手裡。」

講完這個故事後，就可以說：「今天我的演講就和剛剛的故事一樣，並沒有絕對的答案，因為答案就在各位的手裡。」

三、**借用大家的手**。

在演講的最後可以借用大家的手，教大家看手相，然後就說看我們的手，手上有感情線、生命線、命運線，然後現在將我們的手給握緊，這時再問大家：「現在這些線在哪裡？」通常就會有人說在手裡，沒人回答的話就再丟一個問句，說：「是不是在我們的手裡啊？」

接著就說：「今天的演講談了許多，但最終你的人生還是掌握在你的手裡。」

還有一個是人多時可以用的，就說生日的日期是奇數的把手合十，如果生日的日期是偶數的話就打開來，並要求聽眾定格三十秒，然後拿起手機，轉身和大家一起自拍，說：「看來我可以把我演講後擁有超級多掌聲的照片上傳了（錶框）。」

這個不僅有趣幽默也加入了互動的元素在裡面。

四、謝、重、享、謝。

這是卡內基訓練裡得獎的同學通常會上台發表些感想，就會運用這個方法，我認為在演講的結尾也可以做一個很好的發揮。

「謝」是「感謝」一個對象，這個對象當然可以自己想啦，如果不知道要感謝誰那就謝謝大家就行了。

「重」是「重要性」，可以說：「這場演講對我來講非常的重要，因為藉由演講我能和大家一起共同成長。」

「享」是「分享」，可以說：「今天演講完非常的開心，回去後我也想跟我的家人分享。」或是「希望未來還有機會再跟大家分享。」

「謝」最後就可以再次的來感謝大家的聆聽。

運用這幾點就可以把演講的收尾做的漂亮，讓掌聲響起來！

正念

正念讓我們更有智慧的面對人生。

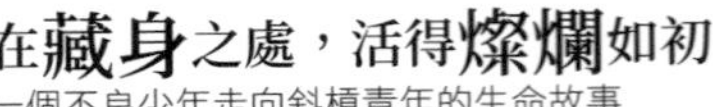

為什麼要學習正念

首先說明什麼是正念，有人將正念稱之為冥想、禪修等，雖然這些都需要「專注」和「覺察」，但是其實練習方式截然不同，在我學習到的禪修練習裡，我們會將專注力放在脈輪，而正念則是「以敞開雙手的態度如實觀察」從生活當中就可以做練習。

其實學習正念每個人的初衷可能不同，沒有一定的答案，有人追求的是內在的平靜，有人追求的是殊勝的體驗，也有人追求更認識自己。

正念練習能夠幫助我們，不過在這之前我們要了解我們期待的是什麼，你想透過正念成為什麼樣的自己才更為重要。

我自己想要更有智慧來面對痛苦，這也是受到佛學的啟發。

釋迦牟尼本來是王子，後來卻出家修行，就是因為看到了老、病、死，而這些是每個人都會經歷到的，如果不懂得面對，就會很痛苦，所以人生的本質是苦的。

佛教談到，基本的苦有八種。就是生、老、病、死、愛別離、怨憎會、求不得、五蘊熾盛。

而這些又都是會在我們人生當中不斷發生的事。

那如何用正念來面對呢？

好比說當我們有情緒時，可以練習觀察情緒，就像是我們把手打開，這時候如果有東西放在我手上，我覺得很重，很不喜歡，我也不急著把它丟掉，就是靜靜地觀察它，無常會讓它離開，而如果有我很喜歡的東西放在我的手上，我也不抓緊，因為無常也會讓它離開。

當情緒來臨時，首先得要有「覺察力」，也就是意識到自己此刻的情緒，接著就用「專注力」去觀察自己的情緒。

而所謂的禪修、冥想、正念和靜心，都有助於鍛鍊我們的專注力和覺察力。

這有許多種的方式，不過我會就我的經驗和我所學習到的和大家分享，而在此分享的就是一些簡單讓我們可以從生活當中去練習的。

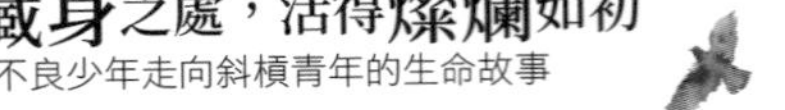

從走路當中練習正念

從走路當中就可以練習正念，這又可以稱作「行禪」或是「步行冥想」，走路在我們的生活當中就是很微不足道的事，但就是因為這事看似沒什麼，於是我們更容易忽略它，沒有注意它。

對一般人而言走路是很平凡的事，但走路對一些人而言卻是十分困難的，像是身心障礙者或是嬰兒，他們都是要很努力去學習和練習，然後不斷跌倒再爬起來才有可能學會行走的，所以真的不要覺得走路沒什麼，看看那些失去雙腳的人，我們就知道這件事並不是理所當然的。

那我們在走路時應該怎麼來練習正念呢？

如果是平常的行走，我們只需要專注在自己的腳底就行了，去感受腳穿上鞋子和地面接觸的感受，我常是在捷運站行走時去練習，因為捷運站人很多，步調也比較快，我就會去感受這種感覺。

這也可以刻意的練習，像是我們可以刻意地將走路的速度放慢，甚至是完全慢動作的去進行，用極緩慢的速度將腳提起來，再用極緩慢的速度將腳放下，並去感受腳底碰觸到地面時的感受，另一隻腳也動作時，一樣去專注它的感覺。

放慢速度去做，有助於我們感受到腳正在使力，肌肉正在運動，這都可能是我們在平常時不會去注意到的。

有時在外面，我還會把鞋子和襪子都脫掉，用腳踏在土壤、水泥、柏油路、金屬等不同的材質，去感受它們。

除了腳和腿部外，我們在走路時也能去感受手部的擺動，我們的全身，我們的呼吸，還有走路時迎面的風。

我在做走路練習正念時，就會覺得走路就是一件有趣的事，看似沒什麼，但能感受到我們平常沒有去注意的細節，多加練習也能訓練到我們的專注力和覺察力。

優雅喝水

優雅喝水是在正念的練習當中一個喝水的練習，方法就是在喝水時放慢四至五倍的速度，並且分幾個階段來喝水。

首先是看，用眼睛來去觀察水，水雖然是透明的可是仍然可以觀察，搖晃後還可以看到波動或是細小的氣泡。我曾看過一個節目叫《最強大腦》，裡頭有一個人能夠做到「微觀辨水」，有五百二十杯水都同質同量來自同一水源，選出一杯觀察後，再放回原處，他能夠在短時間內成功選出同一杯。

當然我們不必要做到這種程度，只是我們可以去練習看和觀察細微的東西。

再來是用聞的，聞看看水的味道，這個就比較容易，去裝一杯自來水跟飲用水，其實用聞的就能夠發現之間的差別很大，即使兩者看起來都是透明的。

接著就是開始喝水，要慢慢的喝，喝看看水的味道，然後去感受水進入口中，在嘴裡滑動的感受，還有水在舌頭上的重量，在水吞嚥下去時也會有吞嚥水時的聲音，在專注時會感覺喝水其實是很大聲的。

那可以不用水來練習嗎？

如果要喝點別的當然也是可以，果汁、咖啡、茶等，其實都可以，但是建議還是用水來練習是最好的，因為其他的飲料都比較有刺激性。

我們人每天都要喝水，每次喝水時都可以練習一下正念，對我們的專注和覺察力都有幫助的。

自由書寫

自由書寫是我在正念課程當中學到的一個方法，雖然不算在正念的練習當中，但是自由書寫是可以和正念搭配起來運用的。

自由書寫首先我們要準備一支好寫的筆，最好是原子筆，可以快寫不斷的，然後就是一張白紙。

然後固定一個時長，剛開始可以先設定十分鐘，然後這十分鐘就要快寫不停，過程中不塗改，就憑著直覺把想寫的內容快速寫下，不必有邏輯，腦袋閃過什麼就寫下，寫錯字或是注音也都可以，如果碰到暫時沒想法時，可以先寫「……」等待腦中浮現下一句話，再繼續寫直到時間到為止。

也可以給自己設定一些主題句，例如：「我真正在意的是……」、「我現在的感覺是……」、「我感謝……」、「我擁有……」等都可以當作主題句來運用，當我們寫到腦袋空白時，可以再次回到主題句繼續寫。

剛開始做自由書寫的人通常都有個經驗，就是覺得時間很長，明明寫了一堆字，手已經很痠了結果時間還沒到，這是很正常的，而且寫完會發現，我們可能沒想到自己的腦袋在十分鐘裡可以有非常多的想法閃過。

自由書寫可以幫助我們把想法傾倒出來，有時甚至會寫下過去從未想過的事，不求任何內容，就任由我們的心靈自由的發揮，記錄著當下的感覺。

自由書寫並不是要我們成為寫作的高手，而是讓我們有個方式可以探索自己，更加的認識自己。

拔智齒

不是每一個人都有拔智齒的經驗，有的人就很幸運不用拔，我也知道有的人就拔一顆，而我呢，就是要拔四顆的，左右兩邊的上面跟下面，還是要動小手術的那種。

這所謂的小手術就是把橫向長在肉裡的牙齒拿出來，所以要把肉切開，然後拔牙，再縫合。不過實際上處理起來也不一定會這麼順利的。

醫生會先打麻醉，當然麻醉的感覺上來時是我是感覺不到痛的，但心裡還是會有點害怕，因為你仍然會聽到聲音，那鉗子在嘴裡動作的聲音，還會感覺到臉部被拔牙的力量牽動的感覺。

我那時就在想，雖然麻醉的部位沒有感覺，但我仍然能運用正念來感受這一切，當我在正念當中時，我就覺得拔牙是件很有趣的事情。

我感覺醫生能在我的嘴巴裡動手術，把我的肉切開，然後拔牙，因為牙齒太緊拔不動，還要把它給鋸碎，我能很清楚聽到牙齒被鋸時的聲音，待它被鋸開後再拔出來，就覺得很神奇。一方面因為你知道你的嘴巴裡正在發生的事，你卻不會痛，另一方面就會想到人類真的挺厲害的，如果換做是動物與動物之間就不會有這樣子的互動。

在整個過程透過正念來感受，其實還挺享受拔智齒的體驗的，畢竟一生也沒幾次機會可以體驗這種感覺。

而麻藥退去後，就會感覺到傷口的疼痛，不過這也能運用正念去感受，我會把專注力放在傷口，去感覺它，這時的感覺並不會讓我受不了，反而感覺到我與這個「痛」在一起，我正陪伴著我的傷口度過。

發現你從未發現的

刻意去觀察一些生活當中的事物，我們就很有可能會發現我們從未注意到的。我們可以做一個練習，拿一張鈔票，不論多少金額的都可以，然後去觀察它，把注意力放在鈔票上，去找三個你從來沒有注意過的地方。

經由這個練習，我們可以了解到，即使鈔票是我們很常在用的東西，還是有許多我們本來沒發現到的地方。

我自己在做這個練習時，我會看到很細小的紋路，有線條、有點狀、有幾何圖形，而這些紋路湊合成了鈔票上的圖案，很有意思。

我們也可以在經常待的地方練習觀察，像是公司、家裡、學校或是經常走的路，去找看看有沒有什麼是我們過去從來沒注意到的，這個練習可以幫助我們提升專注力和覺察力。

我們的身體也是可以觀察的，可以觀察自己手上的紋路，每個人的手都是不一樣的，而所有的指紋也是極度細緻的。

而觀察也不一定是只用看的，可以用我們身體的各種感受。像我在聽音樂時，我會放一首喜歡的歌，然後閉上眼睛，去聽一首歌裡個別樂器的聲音，琴聲、鼓聲、吉他聲，我會對這些歌感到驚訝，因為這些個別的樂器竟然能融合成一段旋律，要是哪個樂器沒調好都可能影響歌曲的整體。

這樣的練習可以有很多，而且就在我們的生活當中，可以發揮你的創意去感受。

當我們認真的去感受這個世界時，也許我們就有許多不同以往的發現。

生命

談生命，
用身體體會的人生之旅。

精疲力盡，人生第一場馬拉松

曾經我有想過跑半馬的馬拉松，不過半馬尚未實現就直接上了全馬，這來得挺突然的，是新竹有名的黃源甫醫師找我參加的，我們是卡內基訓練的同學，也能說是忘年之交，他跟我說他要跑全馬，但那時候的我本來想要報個半馬就好，沒想到在我要填報名表時，半馬已經額滿了，但我當時就想到五秒法則，不管那麼多了先報名再說。

接著距離馬拉松的日子還有五個多月的時間，我們準備開始練習，就在新竹的十八尖山跑步，對於長久沒跑步的我，第一次跑真的是累翻了，來回有七公里跑了一個多小時，第一次跑那麼久覺得時間非常的漫長，這時我也開始有點害怕，因為七公里我都不太行了，何況是全馬的四十二公里。

不過我自己也知道這得要慢慢練習才能，所以即便有很多的擔心，仍然每天和源甫大哥去十八尖山跑步，過了一個星期左右吧，跑完步腳不會那麼痠了，當然也就越來越習慣。

跑步變成是我的一種習慣，雖然還是會累，但挺喜歡跑步的過程也享受那樣的時光，時常我邊跑步邊思考事情，有很多的靈感其實都是在跑步時出現的，後來我才知道原來跑步可以活化大腦，因為有氧運動會分泌腦中的BDNF（腦源性神經營養因子），這有助於我們的學習和記憶，所以想要心智變得更厲害，那運動就不能少了，本來的緊張也都變成了期待。

五個月過去，馬拉松的日子也要到來，那陣子一直在想要怎麼加強訓練跟調整飲食，就看了網路上的影片去執行，不過對於休息我肯定是不夠的，我前一晚仍然上班到了凌晨一點，下班後吃個麵包就休息兩三個小時吧，因為清晨六點就要準時開跑了。

期待已久的馬拉松終於要開始了，心情不算興奮倒是很平靜，當天的天氣也是很適合跑步的，飄著一點細雨，雖然有點冷但對跑步來講是件好事。

到了會場也看到好多人，大會放著朝氣蓬勃的音樂，讓我也感覺有著活力，然而天還沒亮，人又非常的多，我找不著源甫大哥，但也沒多想，就自己準備去跑了。

其實到了要開跑前，我還不曉得大會說要綁的晶片是什麼，後來看到別人在用我才大概知道，就把它綁在鞋子上，這樣就會留有紀錄。

暖身一下很快就要到六點了，鳴槍起跑！所有選手就開始往前衝了，我看著許多人超越我，我知道我不能急，因為還有很長一段路要跑，所以我就維持自己的速度。

不久跑到第一個水站，我開始喝運動飲料和水，不過呢，喝的好像有點多，大概還沒跑十五分鐘，路過一個公園時我就跑了一趟廁所，因為人很多還要排隊，我也才知道，原來等廁所是非常耗時的一件事。

後面的幾站也是一樣，可能也因為天冷所以流汗少，就不那麼缺水的原因吧。

沿路上都有許多觀眾在幫大家鼓勵和加油，我就突然有個感覺，就覺得林保華真的太棒了，因為他正努力著要去完成一個這麼艱難的挑戰，即便還沒跑到終點，但光是上場奮鬥的精神，就讓我感動自己了。

許多加油團，不斷為我們打氣，沿路上不僅有補給站更有許多表演人員用他們擅長的方式來鼓舞我們，這讓我很想落淚，因為感動，當下心裡的感受就是我們即便互不認識，也能有如此多人支持我們，我感覺到一股很大的力量，心裡也在想，大家的加油聲會伴我完成這場賽事的。

開始跑到大概七公里多時，也碰上了潛能聚的加油團，我還跟壬槿大哥拍了張照，隨後我就繼續向前了，這個時候體力還挺多的就覺得跑的輕鬆。

開始有點累的時候是十幾公里，半馬的準備完賽，剩下全馬的要繼續奮戰了。大概在二十公里時，我聽到時間差不多是快九點，也就是說，我平均這樣的速度也會在十二點左右完成，但我又認為自己都沒有停下來用走的，所以我想應該不差吧，而且鮮少有人能追過我，都是我在超越人比較多。

這時，我也感覺到自己的熱量消耗了不少，開始覺得很餓很想吃東西，但我又一直想起一位朋友和我說的，他朋友曾經因為跑馬拉松時吃了一根香蕉，就感覺到腿沒辦法動，因為這個原因，我就先忍著沒有吃東西，即便很餓我也是在補給站選擇不吃，只喝水，不過太難堅持了，我發現我的體力越來越少，或許該吃點東西了，我就吃了一些水果，發現其實真的吃了點東西會比較有力氣，後續的補給站，我也開始吃了東西了，其實這馬拉松有很多東西可以吃，對我來講挺意外的，而且還有滷味跟啤酒，還真想不到，不過我都只有吃水果跟麵包而已。

跑到了海岸線，沿途看到南寮的海景，浪花不斷拍打在岩石上，我感覺到世界很美，新竹亦是，即便我是在跑的，我仍能留意到身邊的景物，十七公里海岸線，那一段路也真的是非常的硬，我好幾次想要停下來用走的，但聽到時間快到要關門，我就知道我不能停下來了。

除了補給站停下來吃喝外，我都是用跑的，沒有走，我不知道是好還是不好，因為許多人走走停停還能追過我，但我如果用走的，說不定我根本不會想再跑了，我就這樣的堅持了。

我開始感覺到我的雙腳在痛，大腿、小腿和腳趾及腳踝，我用意志力去對抗，整個跑步的過程還好是不會喘的，只是痠和疼痛。我過去最擔心的就是呼吸，因為我有氣喘，不過這沒有發生，心肺還算穩定的。

來到了三十幾公里，我知道快完賽了，也曉得時間不多，就要接近正中午了，我知道我只要堅持下去就一定可以完賽，只是在剩下的幾公里，真的非常的痛苦，我想用走的了，但又想著都堅持了那麼久，我就再撐一下，大會的聲音越來越近，也聽見了不少加油聲，還有人叫：「保華加油！」我的心情逐漸開朗，因為要到達終點了，在終點前我的淚差點落下，因為終於完成了，很感動，持續向前，我慢慢的通過了終點。

到了終點，拿到了些獎品，也拿了一份新竹米粉，真的太餓了，就馬上把它吃光，領了成績單，原來我差九分鐘就失敗了，對我來說算是驚險了，也慶幸自己沒用走的，因為可能

差一點就沒過了。

領了行李，打給源甫大哥，他也差不多完賽，不過他更驚險了，他是在五十八分時才完成的，就差兩分鐘就要關門了，不過能夠一起完賽真是太開心了。

跑完後我想起一路練習的日子，許多的回憶點滴在心頭，也很感謝源甫大哥找我參加，讓我養成了跑步的習慣，我認為這是最難能可貴的。日日夜夜的操練就為了那一天，雖然馬拉松結束了，但我知道不論以後有沒有參賽，我都會繼續跑步的。

斷食，體態與精神的蛻變

斷食對我的人生有著非常大的幫助，我運用了這個方法在兩個月內瘦了十六公斤，不僅體態變好了身體也越來越健康。

所以在這裡我會分享我所運用的斷食法，斷食究竟是怎麼一回事以及這對我的幫助有哪些，還有應該怎麼樣去執行跟一些常見的問題。

首先，要來談的就是「斷食」是什麼？

其實斷食，顧名思義就是斷絕食物，所有有熱量的東西一律不能攝取，所以除了不能吃東西之外飲料和酒也都不能喝，只要有熱量就不能碰，所以能喝的基本上只有水，也可以喝沒有熱量的茶跟黑咖啡，不過既然要做斷食，最好就只喝水就好。

那麼斷食的目的是什麼？

斷食真正的目的並不只是要減肥，而是要健康，這個健康來自於讓腸胃適當的休息，我們的腸胃若一直都在消化食物其實就沒有休息的時間，一個器官若沒有好好的休息，當然會疲勞，也就好像機器不停的運轉卻沒有保養，長久下來也就會影響到其他健康的問題，我們的腸胃又被稱為第二個腦袋，若腸胃健康我們的頭腦也就健康，自然專注力、學習能力就會更好，我們得清楚知道，若我們的身體不健康，再強大的心智都沒辦法幫助我們，就像你在生病發燒的情況下，你很難運用你的意志力來讓自己去閱讀、鍛鍊身體或寫文章。

人其實不必要吃到一日三餐。

現在大多數的人都是一日三餐，我們從小也就習慣這樣的模式，但其實一日三餐算是過食的，太多了，我們人類在原始的時代，是沒辦法一日三餐的，人類必須要狩獵才會有食物，那要打到獵物我們也要不斷地追逐，那也是相當耗費體力的活動。

所以在以前也就看不到現在的文明病，好比說糖尿病和肥胖症。其實這也與人類社會的發展有著許多的關連，像人類發現了火，火可以用來烹煮食物，食物煮熟後就可以讓人們更容易消化，再來還有農業的出現，讓人們可以更方便的取得食物甚至還能飼養動物，因此不必再去狩獵。那現代又更進步了，我們在商店就能買到食物，雖然說方便，不過也因此改變了我們的生活模式，讓我們面對到不同的問題。

我在第一次做斷食時其實了解的很少，就只是看了一部網路上的影片覺得可以試看看就做了，剛開始的時候我有點擔心，因為不知道身體會發生什麼樣的變化，那一次真的很餓，不過我也是撐過了一整天的時間，只是我當時並不了解更全面的資訊，我也不曉得斷食結束後應該吃什麼，還有身體會有的一些排毒反應跟便秘，就很不習慣，所以我並沒有常常執行。

隔了三個多月吧，我看了《週一斷食計畫》這本書，了解了更全面的資訊，我才又下定決心再次的去執行，我記得看這本書的時候我是在火車上，那時候正要去斗六參加朋友的婚禮，剛好是星期日，我就想說那這一餐我吃的飽一點，這樣我就可以執行週一斷食了。

結果滿順利的，吃完喜酒後我再次進食已經是禮拜二早上了，這樣也有三十多個小時斷食，執行後我覺得並不難，因此就決定要長期的來做這件事情。

剛開始我也是只有每個禮拜的星期一做斷食，後來我知道更多斷食的好處，並且親自去體會，感覺也挺好的，就開始了一週兩天的斷食，甚至執行更長時間的斷食，像是四十八小時和七十二小時的斷食。

當我對斷食有了更全面的知識時，我就更有意的去執行，在第一個月體重降了十二公斤，第二個月的時候又降了四公斤，兩個月就瘦了十六公斤，但這個瘦並不會不健康，反而讓我更健康更有精神。

隨之而來的就是我飲食上的改變，因為斷食的關係，習慣了不吃，自然而然也就不會吃的太多，而且覺得食物的原味就很好吃了，反倒不喜歡吃太多調味的東西。

再來就是對健康領域產生了更多的興趣，以前其實沒有想過看有關於健康養生方面的書，但從《週一斷食計畫》這本書後，我又多看了像是《身體駭客》《超級大腦飲食計畫》還有一些健身方面的書籍，這些書籍都幫助我改變了一些生活上的習慣，像是更懂得選擇食物，還有了解各種運動對人體的幫助，進而去執行。

《週一斷食計畫》這本書是以中醫的觀點切入的，內容並不會太艱深，所以很適合入門。像是書中提到的「病從口入」的觀念就淺顯易懂，其實我們吃下去的食物在身體停留太久就會產生毒素，可以想像我們的體內就是一個三十多度的潮濕空間，一個食物若在這樣的

環境下就容易腐敗，這樣就會產生毒素，導致腸胃功能不佳。

斷食如果用在瘦身上比起許多減肥法也有更多的優點。

一、**不用煩惱吃什麼**。

因為就是不吃東西，那也就不用選擇任何的食物。

二、**不用計算任何營養素**。

減糖或是降低熱量攝取的飲食法，就要懂得去計算營養素，不是說計算營養素不好，我也會算，但是剛開始做時要學會那麼多的知識就會降低人們執行的意願。

三、**更容易執行**。

比起去運動，就是不吃東西而已，任何人都有辦法，即便你的手腳不能動，斷食仍是你能做的事情。

四、**並不容易復胖**。

養成斷食習慣後，體質會改變成易瘦體質，體質改變味蕾也可能隨之改變，就會選擇較健康清淡的食物，就不容易復胖。

五、**不需要花錢**。

市面上有太多減肥的產品，而且許多要價不菲，斷食法完全不花錢，還能夠省下吃東西的費用。

六、**效果超好**。

我有朋友一週斷食一天，其他飲食沒什麼改變，也完全沒有運動，一個月也瘦了四公斤，當然每個人執行起來可能不一樣，但有許多的案例可以說明斷食真的是極具有效的瘦身方法，我親身的經歷也是個例子。

而斷食不只能減肥瘦身還有其他的幫助。

睡眠：睡眠時需要血清素，如果過食的話血液容易集中在腹部就容易失眠，而斷食的話，血液就比較能分散到全身，而改善睡眠品質。

美容：斷食時能夠排除體內的毒素，毒素排出後皮膚也會變好，我自己就覺得臉上皮膚光滑了許多。

心理：斷食會分泌出的荷爾蒙有助於緩解不安和焦慮，專注力和覺察力也會提升。

斷食時常見的身體排毒現象。

口腔黏膜變黏，舌苔會變厚，可能會有口臭。這時候如果去看中醫的話，醫生會覺得你的身體非常的差，但這就是在排毒，毒素從體內由舌頭排出，有這種狀況時也不用擔心，可以喝溫開水緩解口腔的不適。

也可能會有便秘，因為每天的排便其實是因為我們吃下的食物去推擠排出的，但如果斷食後可以排出宿便，宿便就是腸壁的糞便，那就是積累的毒素，排出後對健康很有幫助。

斷食好處不少，不過不是每個人都能執行，哪些人不適合斷食呢？

孕婦或在哺乳的女性及在發育期的孩子不適合斷食，因為這時正需要更多的食物來補充營養。過瘦的人和厭食症者也不適合斷食，如果是正在服藥則需要尋求醫生的建議。

那在斷食期間餓了該怎麼辦？

飢餓感其實是一陣一陣來的，每次會持續個二十分鐘左右，只要過了這段時間就不會再感覺到那麼餓，這是因為當我們在固定進食的那個時間點，類生長激素（Ghrelin）會分泌較多，這會刺激大腦讓我們想要吃東西，但持續個幾分鐘後，它就會降低就不再那麼餓。

也可以透過按壓穴道來緩解飢餓感，我們手握拳後，中指觸碰到的位置有一個穴道，叫「勞宮穴」，飢餓時可以去按壓個十五二十下，能夠有效的去抑制食慾，但如果在斷食期間身體感覺到非常的不適時，那就終止斷食吧，畢竟健康才是我們最重要的目的，別因此傷到了身體。（圖6）

圖6

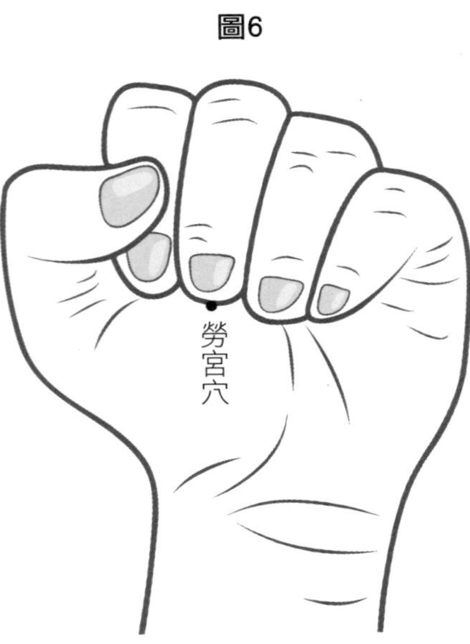

斷食需要運動嗎？

其實都可以，在斷食期間運動更能夠有效的幫助減脂，但這並不勉強，做不來也沒關係，但真正的運動一樣是為了健康，那就得從習慣著手，所以與其把門檻設定的很高，不如讓運動走進生活，像是不搭電梯選擇走樓梯，能動時就多動一些，再慢慢的提升運動量變成規律的習慣。

最後也有幾個關於斷食常見的問題。

斷食會流失肌肉嗎？

斷食要到很誇張的程度才會一直掉肌肉，不過在正常的範圍內，人體有脂肪可以轉變成能量，那消耗的就大多數是脂肪。

斷食會造成厭食嗎？

斷食並不會造成厭食，厭食通常是心理狀態，斷食反而會讓我們更喜歡去品嚐食物，我們的味覺甚至更好，以前我都覺得無糖的東西不是很好吃，但現在我自己在吃無糖優格或是喝無糖豆漿就會覺得夠甜了。

胃一直叫怎麼辦？

喝礦泉水就能緩解，在《斷食全書》裡也有提到這一點，不過尚未清楚真正的原因為何。

斷食頭暈了怎麼辦？

如果在斷食時頭暈，通常是缺乏鈉，這時候可以弄一些鹽來含在嘴裡，最好不要用精緻的鹽，用海鹽或是玫瑰鹽現磨的這種比較好。

我自己透過斷食身體改變了許多，也開啟了自己對健康領域的興趣進而去研究，由於親身實踐效果又明顯，甚至還被邀請在讀書會分享《週一斷食計畫》這本書，後來也影響了身邊的一些人共同來執行斷食，他們也認為自己透過斷食更加的健康了。

與山的互動

我喜歡在清晨時去爬山，大概五點半開始，若是白晝較短的日子，這時外頭還是黑暗的。一早在山上能感受到空氣非常的新鮮，縱然會有點冷，但爬了不用一會兒就會覺得那是自在的涼意。

爬山時，有時我會聽個樊登說書，一邊運動一邊學習，有時我什麼都不會聽，就用自己的感官來去感受一下環境。

我還沒有爬過什麼高山，就是大概一個多小時可以上去山頂再下來的這種，在新竹的話就是飛鳳山了。

一早上山很有趣，路很小，所以上下山的人會交錯在路上，通常都會道聲早，可能這是山友的習慣吧，我覺得挺親切的，有時自己也主動一點。

爬山是能跟大自然互動的好方式，我會藉由爬山讓自己冷靜，並去思考和感受生命，爬山總是慢的，讓我們可以沿途欣賞著鳥兒、昆蟲、花草和樹木。

我在飛鳳山也時常看到住在山上的狗，看起來都特別的溫馴和睿智，不會亂叫也不會過於親人，不曉得是不是大自然淨化的，人會，我想動物也會吧。

我身邊的好友會爬山的很少，用爬山來約我的朋友不好約的，大概都是不願意去動或是覺得太遠，我自己在爬山時也很少看見年輕人，有時看起來還格格不入，所以就我自己看爬

山，它就是很難能可貴的事，但也期許自己未來也能影響身邊的朋友一起去爬山，感受一下大自然。

享受冷水澡

自從我了解到洗冷水澡對身體是有幫助的，我就決定來試試看，剛開始因為是看網路上的影片，所以在執行起來半信半疑，上網查了資料又有不同的說法，什麼是對的在網路上還真不曉得。

後來終於有找到一些書籍，找到較多可信的資料，自己也就親自下去執行了。我覺得其實重要的是方法吧，洗冷水澡要先從手腳開始，避免直接先沖頭和身體，洗完四肢後才是身體，最後是頭部。

而我在洗冷水澡時，都會想著自己是在山上洗冷泉，這樣觀想的方式，可以讓我把洗冷水澡當作是一種享受，這個方法還是來自於一個我過去的經驗。

在二零一八年的清明節的連假，變了天，非常的冷，但是我在洗澡的時候洗到一半，突然就沒熱水了，冷的刺骨，非常的難受。

這個沒熱水的狀況其實偶爾會發生，每次來的時候不只是尷尬，那個火氣真的會衝上來，冷水沖上去搞不好都變滾水了，有一次真的是太生氣了，那個當下我就直接把蓮蓬頭往地上摔，一摔慘了，整個掉下來，變成只有水管，場面慘不忍睹、狼狽不堪。

那次又在變天時遇到沒熱水的狀況，我可能應該會加倍的爆發一下，但那次我知道我要選擇用不同的方式來應對，於是我就開始想像我在深山的冷泉中，旁邊有著瀑布、樹林和霧，這正是一個非常難能可貴的機會，讓我好好感受一下這天然自在，一人獨享的冷泉。

我沐浴在冷水中，我彷彿感覺到小小的瀑布在我身上流動，我享受這一切，那一次的冷水澡真的是太舒適難忘了，而且洗完冷水澡我也沒有發抖，也不覺得冷，感覺就是暢快。

轉念，就是這麼的具有力量，那次讓我真正的體會到。念頭一轉，連那冰冷的水打在身體上都不覺得不適，反而是更加享受這一切，在人生當中，所有的環境和狀況不見得我們能主導和決定，但我們總可以選擇換個心情，換個態度，只要活著沒有不能享受的事。

冷水澡外，我也喜歡去晨泳，游完泳還會去泡冰水，泡冰水讓人感覺平靜，覺察力和專注力會變的更好。

在《SUSI芬蘭幸福超能力》書中提到泡冰水三十秒至一分鐘便會產生所謂的「賀爾蒙風暴」，因為會有許多所謂的「快樂賀爾蒙」開始分泌。

「快樂賀爾蒙」含有「腦內啡」可以幫助我們止痛跟緩解壓力、維持情緒平穩的「血清素」、神經傳導物質「多巴胺」有助於控制大腦的獎勵與愉悅中心，並能調節運動和情緒反應。

泡冰水還能夠改善我們的耐寒力，讓我們比較不怕冷，同時也能夠提高免疫力，加強血液循環，燃燒卡路里，疲勞時沖個冷水澡還能振奮精神。

現在的我也習慣了洗冷水澡，不管天氣再冷都是，我能感覺到自己的皮膚變得比較好，還有自己的心情常因此而更加的平靜。

洗冷水澡很好，不過也要記得擦乾頭髮和身體，最後還有保暖，我不曾因為洗冷水澡而感冒，如果你想嘗試，也要留意身體的狀況。

三天兩夜環島之旅

在二零一九年底，我突然有個想法就是騎機車環島，曾經聽過一些人分享他們的經驗，那時可能就在心中萌芽了吧，於是我下定決心就來個機車環島，時間是三天，計畫就是一個人，行程是隨意。

三天要環島並不容易，但也沒有太困難，不過講出來許多人都會震驚一下，因為通常抓五天會是比較剛好的。

我在二零二零年一月時出發，其實天氣是蠻冷的，要穿的很多，我也不曉得路該怎麼走，就是沿路用手機導航走的，第一站我先到新竹的古奇峰，因為那邊有些特別的回憶，順便也就求個平安。

離開古奇峰，我開始向南走，沿路上其實我很不安，又是不知道會發生什麼事，又怕迷路或是車子出問題，整趟的行程我也沒有具體的規劃，住的地方也沒有找，我只知道一件事，第一天晚上要到高雄。

向著南騎，到了中部吧，我本來內心的不安漸漸減少了，開始享受這趟旅程，經過了都市也經過了農田，感受風和風景，騎到了濁水溪，然後我在橋上，一個從未到過的地方，卻讓我特別的感動，有種終於來了的感覺，這也是我第一次這麼親近的去感受台灣，我邊騎車邊歡呼和吶喊，繼續向南。

到了台南是下午吃個牛肉湯就殺到高雄了，到了高雄是晚上，我感覺不算太累，但真的超想睡的，本來還想說看能不能一覺到天亮，結果還沒晚上十二點就醒了，我就想說來去逛逛，逛了六合夜市，吃了爆甜的鱔魚意麵，還早就想說乾脆去酒吧喝酒。

狀態普通就喝了兩杯，和調酒師分享當天的過程，他們也祝福我接下來的行程平安順利，回到旅館休息一下，吃個早餐就決定殺到墾丁。

高雄到墾丁比我想像中的遠，雖然是在南部但一早感覺也是超冷，還飄了一點雨，到了墾丁因為是早上沒什麼人，也沒什麼好逛的，就到沙灘走走，第二天是最長的路程，我的目標就是晚上要到花蓮。

從墾丁到花蓮中間會到台東，有一段山路十分危險而且大車非常的多，我那整段路都是在提心吊膽，撐過後就是沿海的美景了，我看到台東沿海，望著大海，我內心澎湃洶湧，又是一陣邊騎車邊吶喊（應該是沒人會聽的到），不過這段路太長了，雖然台東跟花蓮是連著的，但都是長型的，騎車會覺得有騎不完的感覺，這漫長也讓我的內心從波濤漸漸化為寂靜。

到了花蓮又是晚上了，早上六點騎到了晚上六點，我本以為花蓮是超級鄉下（原諒我上次去是小時候了），但比我想的還要熱鬧許多。

在花蓮我先去了夜市，吃點東西，然後又接著喝酒的行程了，那邊有很多用小米酒為概念去做的調酒，非常的不錯，本來我也不曉得小米酒究竟是什麼味道，結果一個原住民調酒

師跟我講，你就把米酒跟養樂多套在一起就很像了。

那天晚上在花蓮我去了五間酒吧，本來我也不算是常去酒吧的人，即使曾在酒吧工作，不過就想說四處看看也好，體驗一下，五間跑完差不多了，就趕緊回旅館睡覺。

醒來，第三天，就是要從花蓮回到新竹了，途中經過宜蘭，那一段的風景也是美的不像話，不過比較特別的感受就是那一段路的隧道，騎車經過下坡的隧道那種感覺就好像是要穿越時空，前方的隧道畫面不停的迎向我，有種置身宇宙的感覺，跟開車穿越隧道是不一樣的。

經過北宜公路我也是膽顫心驚，謠傳的太危險，說是奪命道路，不過親自騎過也還好，可能因為我真的騎很慢吧，但那邊真的挺多在玩重型機車的人會競速，還是得注意。

過了北宜到了台北，知道此次的環島之旅也差不多了，我最後一站選擇到桃園大溪老街，以前和高中同學還在大溪老街邊玩邊做報告過，對我來講也是充滿著回憶的地方。

回到新竹，不過也才第三天下午，環島之旅告一段落，可能有人覺得我這樣緊湊的行程都玩不到什麼，幾乎都是在騎車，但對我來講，我的目的是環島再來就是享受騎車的過程。

一路上除了風景，也有無數的自我對話，我感受那份寂靜，是我不曾體會過的，縱然我真的沒有從這次環島中領悟什麼，但我感覺到我和自己多了一份更深層的連結。

了解一定會死，才更知道怎麼活

你如何面對死亡？

說真的要我來談生死這個主題，我並沒有太多的經驗在，不過自我看了《西藏生死書》後有許多的啟發，我就有想過把生死寫進我的書裡。

我很喜歡用死亡來看待人生，死亡是我們必經的道路，雖然自己好像離死亡還是有距離的，但死亡其實又無所不在，它離每一個人也都很近，也許前一秒還好好的，但下一秒可能因為一場意外就帶走了生命。

死亡其實也是隨處可見的，馬路上就能看見被車輾過的老鼠屍體，或是家中可能有蟑螂、螞蟻就把牠們給打死了，又或是自己心愛的寵物離去。這都能讓我們了解到死亡並不是存在於另一個世界的事，而是和活著的我們在同一個世界存在著。

用死亡來看待人生，了解一定會死，才更會知道怎麼活。我不時會提醒自己死亡這件事，而且常常想著我等一下可能就會發生意外，結束我的生命。

記住死亡，因為了解到一定會死，才更知道怎麼活。

這其實並不消極，但也不算是積極，用消極和積極或樂觀與悲觀是不足以來說明這件事的。當我們直視死亡時，此刻的生命就是最寶貴的，不論現在發生什麼樣的事，我們唯一能做的，就是活在當下，活在此刻，上一刻已經回不去，下一刻也是未知的，我們能存在的就

是當下，只是我們有沒有辦法去意識到。

想像著死亡，我會感受到生命是一件很美好的事，因為我還擁有身體能夠感受這個世界和身邊的人事物。

當有這個念頭的時候，我會覺得享受生命是多麼美好的一件事，有次我在掃地，突然想到死亡，我都覺得我運氣很好，因為我還能拿掃把，還看得清楚髒污，醫院裡不知有多少人在跟病魔奮鬥，躺在病床上的人可能痛苦到連清潔也做不了，再想想墳墓裡又躺了多少人再也沒辦法回到人間把任何一件事給做好或者做完，連搞砸都沒資格。

死亡總會到來的，時常提醒自己，把它擺在眼前，這會讓我們面對問題時，用不同的方式去思考。

人死後帶不走一草一木，但卻會留下點什麼，正如古人能夠留下許多經驗和智慧給我們，縱然他們的人已不在這個世界上，他們的智慧和影響力仍然在這個世界上貢獻。

死後我們拿不走一切，這告訴我們人生與其索取不如給予。

傑克・坎菲爾（Jack Canfield）曾說過人生最重要的只有三件事。

一、我們多坦然地活著。

二、我們多真摯地愛過。

三、我們多徹底地學會放手。

這都沒有告訴我們人生應該要取得什麼，反而都是過程中的給予及付出。

關於死亡我也經常做兩個練習。

第一個是：寫遺書。

一般人可能認為寫遺書是很悲觀負面，甚至要結束生命的人才會做的事，但其實這是一個很好的練習，太多人不願去提死亡，甚至逃避那就會換得更糟糕的結果。好比說，許多大老闆死後就會有爭家產的問題，因為生前沒有交代，後輩意見不合，開始打官司，弄到家族破裂。這一定不是往生者所樂見的，所以寫遺書算是一生當中也很重要的規劃。

尤其是當自己在寫遺書時，更能感覺到生命的無常，可能隨時都會離開這世界。我們也可以想想當身邊的人看到這封遺書時，我想告訴他們些什麼。

我自己大概一兩個月寫一次，每次寫完遺書時我都有種感覺，就是看任何人、事、物都會覺得這是最後一次，有次我寫完遺書就和朋友去運動，我就感覺這是我們最後一次碰面，我不用說什麼，但我能好好享受我們的相處並去珍惜。

第二個是：觀想死亡。

我在晚上睡覺前常做這個練習，想像著我的生命慢慢結束，我的身體逐漸地不在屬於自己，我將對自己的身體失去控制，我的感官漸漸消失，肉體開始凋零慢慢腐爛。

我會想著此刻我就要死了，但我什麼也不能做，只能在我的腦海向著所有我能想到的人、事、物一個一個的告別，有時會浮現一些生命當中相當重要的人，但此時的我什麼也不能做，我只能告別，我只能在腦海裡感謝他，在腦海裡告訴他我愛他，在腦海裡擁抱他並祝

福他，再說一聲最後的再見，然後一切都將消失。

有時我會想想自己還沒做的事，我想做但沒做的，後悔沒有意義，此刻我得選擇放下。

我也會常想到過往的美好回憶，我知道這是我最後一次回憶，我會感謝這一切，但不再留戀。

入睡前做，我常就這樣睡著了，但隔天起來我意識到自己還有生命，我就覺得該好好珍惜，好好去活。

死亡是一個好導師，可以教導我們許多事，學會怎麼看待死亡，才能學會怎麼活。

成長

總要學著成長和茁壯。

一百天達成一千個目標

有次我跟朋友說，距離二零一八年剩一百多天了，我突然萌生一個念頭，每天完成十個目標，一百天後，我會達成一千個目標。

他聽不懂我在說的是什麼，但也有人聽得懂，有人鼓勵我，也有人笑笑我，甚至有人覺得我是目標的奴隸。

反正我不是為了證明什麼而去做，我只是想挑戰，然後成長，沒有想做給誰看，也不是為了證明自己。

在二零一八年九月二十四號時，第一天正式開始，本來要入睡的我，想起這件事，我跳了起來，拿了張白紙，上面寫著1000，貼在我床頭上方的天花板，我知道我每天起床就是要完成目標，睡前如果沒完成目標，我就完成後才去睡覺。

可能很多人覺得我開玩笑，所以過程鮮少有人問我，幾乎是沒有的，但我就只是知道我每天做，每天做就對了，然後紀錄我的每一天，日記是這樣寫的Day100、Day99、Day98……持續的遞減。

每天十個目標，有可能是看書、運動、寫文章每天有些會是比較固定的，還會看到有趣的目標，如「不喝酒」、「感謝別人」或是只吃「一碗飯」，還有小到不行的目標「吃B群」。

每天我就用便利貼寫上十個目標，然後完成就劃掉。

有天凌晨兩點半，外面下著雨，我的目標是跑步，我還沒完成就不能睡覺，於是我真的去跑了，半夜三更樹蔭的影子很嚇人，我害怕，我還是跑，路上還有人騎摩托車等紅燈，因為夜深寂靜，我聽到他們的對話，說我是神經病，現在在那邊跑步。

但我高興的很，我知道，成功的道路上就是會有人不理解你，甚至會嘲笑你。不神經很難成功，這也是我對自己和目標的重視，不論如何，去完成。

然後，我又多一個故事可以說，每次講到我都想笑，可能我看到半夜下雨在跑步的人，我也覺得神經病吧。

但這一百天達成目標的過程我也不總是狀態都很好，有幾天我喝酒醉，也會忘了達成，但就隔天起來補，日記忘了寫，那就隔天起來補寫，偶爾放過自己，但沒放棄自己。

二零一八年十一月中時，有兩天我的情緒極度不穩定，我連續喝了整整兩天的酒，白天喝到黑夜，再喝到白天再喝到黑夜，那兩天我陷入墮落和迷失，將自己泡在酒裡，但我也忘了，當初怎麼就置之死地而後生了。

我紀錄了每一天，從第一天開始，我只能寫一百個字，然後每天寫，日記逐漸變長，到每一篇的日記不下千字，過去從未想過每天寫日記，如今習慣了，至今我還在寫，雖然有時候寫的不好，都寫流水帳但那也是在記錄自己，偶爾回頭看看我還能知道當時怎麼過的。

到了二零一八年十二月三十一日，最後一天，我真的也完成了一千個目標，我很感謝第

一天有勇氣的自己，我想對那個林保華講：「你超屌！」但我也要對自己說：「這只是你人生的一百天而已。」

兒童椅與脾氣

記得以前在餐廳打工，來的客人許多都會帶著孩子，我們就會詢問他是否需要兒童座椅和餐具，有次有一桌是一對父母和兩個小孩，正好在等候補的座位，我們要把位子整理好再給他們坐，在入座前我們的座位和餐具一定要先調整好，我便先詢問客人：「先生，需不需要兒童餐具和兒童椅？」

他回答：「要，兩個。」

我便在問他：「各要兩組嗎？」

他回答：「對。」

接著我就用最快的速度，撤掉兩張椅子放了兩張兒童椅，並把餐具和水都放置定位，準備好了，我帶客人入座。

不過一會兒那位客人就跟我說：「我們不需要兒童椅，幫我換成正常的椅子。」

我當下非常的生氣，因為我明明就有確認過，而且他是看著我擺的，如果不要那應該中途就阻止我才對，我雖然還是回答好幫他換回來，但我的不滿與憤怒都在我的肢體動作上，移動位子刻意非常大力弄得很大聲。

我調整完，我就去找我的同事抱怨說：「那一桌的客人真的快把我氣死了，說要兒童椅

擺好之後又跟我說不用，是在耍我嗎？」當下我真的很不開心，但沒多久我聽到那桌客人的對話，爸爸就跟媽媽說：「我以為他是問我要不要兒童餐具而已，我才回答他要，我沒聽到要不要兒童椅。」

這讓我思考了一下，因為我們每一個人都會有聽不清楚或者沒聽到別人說話的時候，這不見得就是不尊重，可能我們只是在想一些事情。當我沒聽清楚別人說話時，我也想要別人多跟我說幾次，並且理解我、體諒我。

我就想，我要把寬恕自己的態度用來寬恕別人，當我這個念頭一來，心中的石頭立刻放下了，非常的自在和喜悅，他們後續的用餐時間我也用燦爛的笑容和誠摯的態度來服務。

三封道歉信

有次和兩位朋友喝了一整夜的酒，直至清晨，喝完了酒，就到我們以往就會去的早餐車吃滷肉飯，也因為喝了不少酒，和朋友聊天時有一些爭執，我們就吵了起來，非常的大聲，也沒有顧及旁邊有許多人在看，我還直接拿吃完的餐盒往朋友身上扔，夾在中間的朋友很為難，也不斷想化解，一直阻攔我們繼續爭執，要讓我們到別的地方再講。

我也想說人多麻煩，於是，我們決定要離開去別的地方。朋友跟服務生說結帳，不過他可能沒聽到或是在忙，朋友又再說了一次：「小姐，結帳。」服務生好像有回應又好像沒有，總之過了一會兒還沒來，朋友就講了第三次「麻煩一下，我要結帳。」但又過了一會還是沒有來，我火大了，用力的拍桌子大吼：「結帳啦！是要講幾次啦？」老闆娘才趕快幫我們把帳結完。

離開後，其實我非常的心痛，因為自己也做過餐飲服務業，我自己也不喜歡發脾氣的客人，但今天卻成為自己最討厭的那種客人，發脾氣、無理、傲慢，我問我自己：「我怎麼可以對別人這麼的不尊重？」就因為喝了酒，就對別人大小聲。

我為這件事感到愧疚，我也覺得很對不起早餐車的老闆，老闆娘。他們是非常踏實認真的好人，朋友要結帳，他們沒有來絕對不是故意，而且他們並沒有做錯任何事，錯的是我，在人家攤位上吵鬧，還對他們兇，我要為我的行為負責、道歉。

我寫了三封道歉信要給老闆、老闆娘和服務生，隔天清晨到了早餐車，我站在老闆娘旁邊，他一時沒認出我，就問我：「今天要吃什麼？」我停了一會，情緒十分的複雜，但我知道我要完成我該做的，於是我鼓起了勇氣，把道歉信拿了出去，我開始流著眼淚，鞠躬道歉：「老闆娘，對不起，我昨天不該這樣大小聲的。」他們想起來，也都很客氣地原諒了我，說：「沒關係啦，又沒什麼，你吃飽了沒？」能得到他們的原諒，我內心也得到了釋放。

其實事後和一些朋友提過這件事，但大部分的人都覺得我很奇怪，都笑我，可能覺得我的行為很白癡，大小聲完又去道歉，這樣很尷尬，也很丟臉。

真的很丟臉嗎？

我也會愛我的面子，也會在意自己的形象，但當我明白我真的錯了的時候，我願意放下一切，真誠的道歉，因為我傷害了別人，沒有人一生下來就是給別人傷害的，如果是我的家人遭到這樣的對待，我也會很心疼的。

誰不會犯錯呢？

每個人都會吧，但這次我才知道，錯誤根本不會使人成長，你犯了再多的錯你都不會越來越好，有人說我們都是從錯誤中學習的，我敢說這句話是錯的，因為會讓我們成長的並不是錯誤，而是我們去承認、面對、放下。

人行道上有個洞

有次晚上我掉進了人行道旁正在施工時挖的洞，整隻腳卡在裡面，非常的痛，起來後還坐在路旁走不動，就在一家早餐店的前面，有非常大的一個坑，我的腳破了一大片的皮，本來我是有點生氣，但這讓我想起《西藏生死書》裡講到的一則典故，跟我掉進洞裡悄然而合，讓我更明白人是如何成長的。

這個故事，分成五個小段，就是在說人的信念，現在的信念來自過去的積累，然而信念轉變的過程就如這則故事要讓我們明白的。

一、我走在街上，人行道上有個洞，我沒看見它，我掉了下去，這不是我的錯，於是我爬了起來。

二、我走在同一條街上，人行道上有個洞，我假裝沒看見它，我還是掉了下去，這不是我的錯，於是我爬了起來。

三、我走在同一條街上，人行道上有個洞，我看見了它，我還是掉了下去，這是我的錯，於是我爬了起來。

四、我走在同一條街上，人行道上有個洞，我繞過了它。

五、我走上另外一條街。

這就是我們學習成長和建立信念的過程，我們會碰上失敗，但我們開始是不知所措的，

接著我們假裝看不到我們的缺失，但我們不知道，假裝沒看見並不表示它不存在。

然後，再次的失敗，我們終於看到自己的錯誤了，但我們沒有去改，於是又犯了同樣的錯。

再來，我們正視了缺失，去避開了它。

最後我們不再重蹈覆轍，走上了另外一條街，一旦我們不斷修正，讓自己建立起全新的信念，那過往那些不適於此刻的信念都將徹底瓦解。

這個故事我從沒聽人說過，是我從《西藏生死書》讀到的，如今那一章的橋段發生在我身上，我想也許是要提醒我把它寫出來吧。

後來我並不生氣了，還覺得掉進洞裡挺好的，我也不否認剛開始的我很急躁、生氣，但我不求正面思考，只是反思。

可能有人還會笑我掉進去，那也沒關係，回想起來確實挺好笑的，不過我也曉得，人生沒有白走的路，每一步都算數，不經意的痛苦腳步，都在積累生命的厚度。

讓阿公的人生回甘

小時候我是三代同堂，由阿公阿嬤帶大，他們對於我的教養就是純樸踏實，書不一定要讀到多高但不能做壞事，也不去占人家的便宜。曾經我爬上家裡的陽台往下看，我當時並不覺得危險，因為前面還有鐵欄杆護著，不過被鄰居看到了，告訴我的阿公，那一次就被阿公拿竹子鞭了一頓，當下很不服氣也很痛，但後來明白背後更多的是愛與關懷。

我的阿嬤辭世已經十多年，剩下阿公一人獨居，雖然阿公家距離我家路程僅只五分鐘，也常常見面，但真正能夠聊天談心的時間很少，阿公種菜務農，日出而作日落而息，而家人們都有各自的工作，這也讓我明白到，現實的距離不一定是真正的距離，即便你離你的親人在近，若沒有談心，都是遙遠的。

每個月我都會利用《思考致富》書中的一些問句來檢視自己，其中有一個問題每次都讓我的思緒沉澱，「某位親戚或是熟人正令你擔憂嗎？為什麼？」即便我每次的回答都是阿公，因為他年紀大了。這個問題仍會讓我靜靜地回想著他，也提醒我要好好陪陪他。

有次我寫了一封信，把我想對阿公說的話都寫了上去，那天我帶上了信與一些水果一如往常來到阿公家，先把信投入了信箱，進了屋把水果切好，和阿公一起吃著水果看電視，吃完後我便和阿公說：「阿公我去看看有沒有你的信。」就去把我放的信拿了出來，和阿公說有你的信。

我的阿公不太識字，於是我把信拆了，說：「阿公，是一個叫保華的人寫給你的。」內容有些長而我至今仍記得的部分是「阿公謝謝你對我多年的照顧與教養，不曉得還有多少日子能與你一起相處，但這些日子我會好好的珍惜並永遠記住的，阿公，我愛你！」

阿公聽完後還是老話一句：「你最乖了。」不過那次我見到九十歲的阿公，眼角有淚稍稍哽咽，我知道他有所感動，我明白了，原來我可以做到這樣，原來我還可以為阿公做些什麼。

當我們身邊的親人年紀大了，可能缺少了人陪，缺少了影響力，那都不是他們願意的，他們的人生一定也曾經精采過，而我們的陪伴和關懷就能夠給他們重要感，讓他知道不論他年紀再大，行動不便、身體不好，都有人愛著他，讓他的人生可以重回溫暖這便是一生尾韻的回甘。

分享的人得更多

我非常的喜歡分享，只要是我所學習到的，我絕不會吝嗇，對於一件事來說不管我懂得多少，我都願竭盡所能的給予，如果我有一塊錢的知識，我就會給身邊的人一塊錢的知識，但我知道知識跟物質的錢是不一樣的，「錢」是我給別人一塊錢，我就會少一塊錢，「知識」是我給別人一塊錢，我自己就多一塊錢，所以我給越多人知識，我自己就長越多的知識。

我的學習和分享都有做許多的紀錄，而不僅透過文字，我還有在網路上錄製了上百部的分享影片，講的內容大多跟勵志、個人成長和自己學習到的知識有關，而我的影片大概都會在三分鐘內談完一個主題。

在網路上分享內容總會接受到各種不同的評價，有次我便收到一位網友的嘲笑，他覺得我錄這些影片很白癡，沒有意義也沒有人想看，剛看到這個評論的時候其實我有一點難過，因為我錄這些影片沒有錢賺，而且花費很多的時間，講更實在的這些內容許多也是花錢上課、看書所學到的，我幹嘛沒事站出來把這些分享給大家。

後來，我想通了，網路上不是只有我分享文章和影片，分享的人有非常的多，而且他們講的很多內容都很精彩，正是因為他們勇敢的站出來分享，才讓我有機會學習，而正是這

些人讓我也變得更有勇氣，所以我也站出來與大家分享了，我非常的感謝樂於分享的每一個人。

我們永遠都會從分享中成長，我的表達能力、演講能力、寫文章的能力都是從分享歷練出來的，而且我也從中得到許多正面的回饋和鼓勵，這也讓我感受到，我自己很勇敢、很快樂、很富足，若我因分享得到負面的回應那也是我向內看的機會，分享的越多我得到的就越多，因此我勇於分享並樂於分享。

遊民的哲學

有次朋友在吃便利商店的咖哩飯，然後他跟我說：「很好吃，你要吃嗎？」

我說：「怎麼便利商店的咖哩飯你也能吃得津津有味。」

他跟我說：「因為我很知足啊！」

我聽了當下愣住了，因為我真沒想過他會講出這一句話，而且那麼的從容自在且喜悅。也讓我開始思考，的確現在仍有許多人可能流浪在街頭無法飽餐一頓。

這讓我意識到，幸福可以很簡單，只要我們願意感受，它就在我們的身旁，知道自己的一切都來之不易，便會知足與感恩。

這也讓我有個想要幫助他人的想法，當時能想到的就是幫助遊民。

有天晚上下班，本來想跟我的朋友一起喝酒的，因為想到想要幫助遊民，我突然就跟他說：「今天不要喝酒了，我們來去幫助遊民。」他剛開始以為我在開玩笑，後來知道我是認真的，就決定挺我一下。

我們不曉得能夠幫助遊民什麼，但我們也知道直接給錢可能也不太好，乾脆就買些吃的去發好了。

那時候是半夜，我們就騎著摩托車，然後找了一間二十四小時營業的超市，剛開始也不知道要買什麼給他們吃，後來覺得罐裝的八寶粥還不錯，便宜、方便又好吃。

我們兩個就買了十幾罐的八寶粥，然後去到火車站附近的地下道，看到了許多的遊民在睡覺，然後我們也就不打擾他們的，小心翼翼地走過，就把八寶粥放在他們身旁。

後來在火車站前的廣場看到了一個胖胖壯壯的遊民，他沒有在睡覺，我的朋友本來叫我不要發給他，因為看起來比較不需要幫助，但我還是堅持想要給他，而且也只有他是醒著的，我也就想說跟他聊聊天好了。

我走了過去，開了個頭說：「大哥，你平常都在這邊嗎？」後來，也沒想到，他還挺會講的，就開始和我們分享他的故事。

他叫阿寸，四十歲花蓮人，他說他本來是在開吊車，後來因為經濟不景氣，就一直換工作，然後現在是有工作就去做，大部分都是一些臨時的工地活。

他分享了許多自己的人生經驗，像是他曾經被政府單位的幹部瞧不起而酸言酸語，但他也酸回去說：「雖然我沒讀過什麼書，但還懂得尊重別人。」

而他最自豪的就是沒花什麼錢，就在台灣流浪了十幾年，還環了台灣十八圈，我覺得超厲害，每個人都有其生存之道，每個人的人生也都有各自的幸福，阿寸很正面樂觀，他還跟我說：「現在的我處境不好，若這時我還不正面點、樂觀點，將來也別想碰上什麼貴人，即使有貴人看到我不好的心態也會跑掉的。」

這就是我從一位遊民身上學到的哲學，到那天我回到家，在洗澡時就覺得很感恩，想說我還有地方可以洗澡，但遊民沒有，也知道自己現在的生活已經很好了，自己需要的並不多，要的就是知足。

懷珠，總要學著獨處

在蔡康永的書《蔡康永的情商課：為你自己活一次》裡提到一個觀念，人們常說心是一道門所以我們要將它打開。但蔡康永認為若心是一道門的話，一直開著不如把它拆了。所以我們應該適時的把心關上，空間才會出現。

這也說明了，我們得學習獨處，獨處不只是一個人就叫獨處，真正的獨處是自己與自己相處。

我會給自己這樣的時間和空間，而我會做的事情就是喝酒。

其實我是一個極其木訥感性的人，非常容易觸景傷情，哪怕只是看見人來車往或是風吹草動可能都會掉眼淚。

有時是聽到很有感覺的音樂，就會不自覺地想哭。

我有屬於我自己的獨處方式，我會買一些酒，然後邊喝邊放李宗盛的音樂，他的音樂和歌詞早已陪我度過數不清的夜晚。

我會看著自己過去寫的文章，看以前的照片，把過去的回憶傾倒出來。

想到一些自己感情上的事，我會覺得難過，有時總覺得自己庸碌無為對許多事無能為力，喝著酒，更多的回憶湧上，我會開始哭泣。

我並不是想要借酒澆愁，但我知道自己是如此感性的，有著這樣的情感，這是我的一部分，透過喝酒我能直視真實的自己，我會靜靜地看著自己的難過和悲傷。

楊宗緯有一首歌叫〈懷珠〉，也是李宗盛作詞，一首把情傷寫的很沉的歌，為什麼叫做懷珠呢？

懷珠指的是珍珠，在蘊育珍珠的過程，必須是貝殼先受了傷，受傷以後，它會開始吸收雜質，然後分泌物質來將自己包覆起來，接著封閉，再經過數年的時間珍珠悄然而生。

換作是人也一樣，在面對痛苦、挫折和悲傷時，你不一定總是要用向外追求的方法來讓自己好過，有時該將自我封閉起來，拒絕和外面溝通，經由封閉來淬煉我們內在的珍珠。

在夜晚，喝著酒，讓情緒流動出來，我會寫些不需要邏輯的詩詞，把情感內斂成文字。我常有個藉口，作家沒有酒筆墨怎由衷，有時酒水下肚，吐出來都是墨水。

有些人可能認為我這樣子看起來很負面，但我認為如果僅用正面或負面來歸納一個人對情感的抒發那就太過兒戲了，不然為什麼情歌總是悲傷的多？

人生不是只有積極，還有遺憾和悲鳴，能賺人熱淚的不是就有堅強，還有憐憫。

有時人的哭泣不是懦弱，只不過是真情流露。

刺青：地藏王菩薩

我不入地獄，誰入地獄。地獄不空，誓不成佛。

我的背上有整背的刺青，近年來認識我的人可能就不太會知道，在我十六歲時第一個刺青，刺的是地藏王菩薩，我以前就有接觸過佛教，不過當時會想刺地藏王菩薩的想法是因為地藏王菩薩是掌管地獄的，而我又愛打架鬧事，就覺得扛上祂我就是最兇最狠的那一個。

很多人說這有禁忌，可能因為習俗的關係吧，因為在道教上的地藏王菩薩，說是掌管閻羅王及好兄弟的，所以比較少人敢刺地藏王菩薩，佛教道教雖然不同，但不論如何，我總覺得我和祂契合，在我的房門上也掛了一幅地藏王菩薩的畫像。

四大菩薩之一就有大願地藏王菩薩，而會說「大願」就是因為祂發誓要不斷救度地獄的眾生，直至地獄空了祂才能成佛，所以祂不斷地救人，但地獄又一直有人，所以祂永遠也成不了佛，這就是祂發的大願，但亦有人說祂雖然名為菩薩但因此大願早已成佛。

扛著祂快十年了，回顧在這幾年自己的一些改變，不再是那逞兇鬥狠的少年，自己有些能力了也會去幫助別人，雖然力量不大，但是我做我能做的，我也知道去捐款給重度身障人士或是發食物給遊民並不能解決根本的問題，但我只想著能做什麼就去做，行善本來就不見得能解決問題，但這世界需要善。

慶幸自己還有些長進，起碼心中仍懷有善良。

而關於刺青，總是有些意義在的，刺青會後悔的人都是因為圖像沒有意義，不過一般人看是不會了解的，雖然現在刺青沒什麼，還算開放，但還是有些人會有異樣眼光，像是找工作就多少會影響。

刺青是一輩子的，也因為地藏王菩薩，讓我認為利他是我的使命，我沒有那麼偉大，但在我身上時刻就提醒我自己，能做便去做。

而關於信仰我想不論是什麼宗教，都會讓人有力量，其實有些虔誠的基督徒也是會拿香拜拜，入境隨俗。

我會去教堂也會去寺廟，我想虔誠是一種精神，而不是條例，只要是好的想法都可以客觀的去學習，我不是出家人，沒有太多拘束，不過我也在修行，世界就是我們的道場，遇到的各種考驗都能讓我們成長，煩惱即菩提。

言而總之也沒啥道理和結論，只是說說我的想法，同時，我不怕分享這一切，從過去到現在，犯過不少錯誤，讓你知道也讓你了解我。

生命的喜悅

這是本書最後一個章節，每一本書總有個結尾，就像天總會黑，人總會離別。

在每一天結束時，睡前的深夜裡，我一定會放一個叫〈生命的喜悅〉的音頻，我已經聆聽多年，它也伴我走過許多日子，讓我的生命充滿感動和喜悅，多年前我把這音頻寫成文字，在此也分享給你，願你也能細細品嘗，並感受這段文字的力量。

〈生命的喜悅〉

每當你聽到這段旋律的時候，和我一起輕聲重複，我不僅是肉體的存在，我是充滿愛與智慧的靈性的存在。

在我的體內有無限的力量，無限的慈悲和無限的智慧，我秉持真心，願意謙卑地向萬事萬物學習，每個人都是我的老師，萬事萬物都是我的老師。

我願意更柔軟，更寬容，更友善待人，我知道生活中所有的困擾、障礙都是我自己的想法造成的，我願意勇敢面對，並妥善處理人際關係中的糾葛，不再逃避。

每當內心起伏的時候，我可以從中察覺到我的盲點和問題所在，每當我感覺內心不平靜的時候，就是我向內看的機會，這一路上我根本不擔心，因為我願意改變。

我內在的智慧會引導我如何反省，如何去愛與被愛，我感覺很有力量，很有勇氣。

我不會迷失，從不孤單，因為愛與光明一直引導我走在正確的路上。

我相信一切都是上天最好的安排，我們經受所有的苦難挫折，都有它特別的理由。

當別人指責我時，我會謙虛的反觀自省，當我被別人汙衊、曲解、攻擊、誹謗時，我不會怪罪別人，我願意因為我的受苦，而能理解別人的苦或降低別人的痛苦，無論發生什麼事，都不會影響我內心的平靜，也絕不影響我關愛他人的能力。

我就是愛，我愛的越多，我感受到的愛也越多。

我就是愛，我愛的越多，我感受到的愛也越多。

所以每當別人對我不友善的時候，我不會直接去批判或指責，我知道當他們在攻擊時其實是在表達他們是需要幫助的，他們是在求救，他們正在呼喚愛，這個時候我願意更加敞開，不再封閉我的心，當我的心越開放，我就越能理解，對方任何不理性的行為都是在呼喚愛，有理解就有愛。

我願意學習用愛來回應一切，我越是深入的感受自己，就越能感受到別人的心，我越能敞開自己就越能幫助別人敞開。

我看到，他們其實是慈悲的化身，他們在犧牲、奉獻，扮演這個不受歡迎的角色，來成就我生命中的功課，感謝他們。

我在所有的關係中保持良好的互動，我從每一個人身上學到愛，我重視每個人的存在。

我以慈悲友善之心，對待萬事萬物。

我與愛合而為一，慈悲與智慧充滿著我，我明白力量就在我的體內，根本不需要向外追求，我是被祝福的，我是被愛的。

因為愛，天下沒有永遠的仇恨，沒有解決不了的問題，沒有化解不了的對立。

我和一切人、事、物都保持著友好的關係，我與宇宙萬物本來就是一體的，上天正透過我和萬事萬物，不斷地傳達愛，顯現愛。

我感受到內心的和諧與寧靜，我愛每一個人，我看到每一個人善良和美好的本質，我看到每個人的內在純淨的光明和神性的光輝。

當我用心關愛，我看到有敵意的人對我變得友善，當我真心祝福，我看到滿懷憤怒的人，內心的恐懼和焦慮得到釋放，變得祥和、寧靜、柔軟、慈悲。

我堅信我的愛，將化解所有的攻擊報復，我堅信我的愛，終將淹沒所有的憤怒、敵意。我堅信我內在的光明，必將照亮一切的黑暗，化解所有的紛擾。我拒絕任何打擊別人的念頭、語言和行為。

我永遠行走在祥和寧靜的光明中，我永遠行走在無限的喜悅、富足和平安中，我的人際關係越來越和諧，我友善待人，一切以愛為出發點，我不再把恐懼、憤怒投射到別人身上，我能夠理解原諒並放下別人曾經對我的傷害。

我看清楚，我的現狀是我過去的思想模式所造成的，我願意承擔，我願意負責，我願意改變。

我說的每句話都發自真心與善意，我絕不說出惡意傷人的話，我不再陷入憤怒、悲傷與哀怨，我徹底地寬恕，徹底地感謝，徹底地放下。

我的身心越來越平衡越來越和諧而完整。

現在我已經完完全全鬆開我的繩索，我也鬆開了架在別人身上的束縛，我的心靈得到了完全的自由。

我內在無限的愛與善良逐漸萌芽，我內在有一股全新的力量正蠢蠢欲動，即將生龍活虎的湧現。

我的每一個想法，所做的每一件事情，心中的每一個計劃，都有愛在指引。

一切和諧，圓滿。

謝謝你，祝福你，我愛你們。

謝謝你，祝福你，我愛你們。

謝謝你，祝福你，我愛你們。

致謝

這本書的起源，其實可以追溯到我第一本書《邁向成功新生活》寫完以前，我在很久以前就開始著手寫我的第二本書，也就是你現在看到的這本《在藏身之處，活得燦爛如初》。

起初，這本書並非是你看到的這樣，剛開始我只不過是整理了自己的幾篇散文，並沒有連貫性，而且內容十分零散，我重新書寫了四、五次。

直到二零一九年的十一月一日，我再次重新構思這本書的內容，決定要把自己的生命故事給寫出來，於是整理了和我相關的一些主題，如：過去、調酒、學習、讀書、寫作等來談。

總算是完成了本書，而這也要感謝許多的人，首先感謝我的家人，我們或許不是很了解彼此，就像李宗盛在〈新寫的舊歌〉裡寫到的「有幸運的成為知己，有不幸的只能是甲乙。」但後面那句重了一點，我們的關係很和諧，只是就少有共鳴，但仍感謝你們對我從小到大的養育，甚至讓我有機會與他人分享。

再來，我要感謝過去我在餐廳打工時的老闆，琮哥與王姐，每次我要去上課進修都毫不吝嗇的給我請假，甚至支持我去追求自己的成長，若沒有你們的大器，我相信我會少掉許多能去學習的機會。

還有感謝我的一些朋友，Jerry、阿翔、田雞、山雞、耕田、家弘、阿評、黎胖子、阿沈、小馬、阿宏、小版，你們這些這麼多年來的朋友，和你們相處我總能自在，有你們做伴的日子，雖然不是文青，但也很快樂，所以至少把你們的名字寫進書裡。

我也要感謝潛能聚的一位夥伴小翔，本書的書名《在藏身之處，活得燦爛如初》是我和你討論的過程中想到的，謝謝你不吝嗇的和我一起構思。

在這裡也和在讀此書的你解釋一下這書名《在藏身之處，活得燦爛如初》。

「藏身之處」意味著我的人生總浮浮沉沉的，談不上優秀和成功，還有我那段較少人知道的過往，另一個意思是藏也可以讀「葬」，也代表著我的刺青地藏王菩薩，藏在我的身上。而「活得燦爛如初」，是我認為自己活了二十五年，雖然一路波折，但回過頭來，我慶幸自己仍然善良如初，努力生活。

本書的副標題是「一個不良少年走向斜槓青年的生命故事」，身邊有些朋友並不了解斜槓的意思，斜槓的英文是Slash，也就是「／」這個符號，表示著一個人可以擁有多種職業的發展，像我是作家／講師／調酒師等，雖然不是很優秀但還算是個半吊子的斜槓。

還有感謝我生命當中相當重要的貴人壬瑾大哥，謝謝你一路上的支持和鼓勵，讓我在失落時有人可以分享我所碰上的難關，從你身上我看見了智慧，回顧認識的這些年來，你到過不少我工作的地方和我碰面，有時隨意聊聊，有時深度對話，謝謝你如此用心真誠待我，感謝有你。

感謝我的國小老師，楊謹赫老師，謝謝你在我還小時就教導我生命當中許多寶貴的事，還記得你在十多年前送我一本和佛學有關的書《自己的路，勇敢的走》，至今我還不時翻閱著，那本書上你寫了「保華，願你的愛心能使自己找到出路，勇敢走利他之路。」

感謝我的高中老師，蔡敏老師，謝謝你當時用愛來回應我過往的叛逆，並鼓勵我學習調酒，讓我從一個不良少年慢慢地變好，也謝謝你寫給我的週記，總是滿滿的關心。

感謝所有我未能提及的朋友們，人生當中若少了某一些因緣，這本書都有可能不復存在。

最後我要感謝一位讀者，我很慶幸的作為一位作者，能夠把我的生命用文字紀錄下來，但作者不是獨立存在的，我寫的東西得要有人看才行。

那讀者是你，謝謝你走進了我的生命當中，我的第二本書《在藏身之處，活得燦爛如初》，因為有你才更具意義。

感謝有你，不論如何，我們都會一起成長的。

參考書目

自序

- 《邁向成功新生活》，林保華，思考致勝，2019。

混酌

- 《工作是最好的修行》，樊登，今周刊，2019。

學習

- 《卡內基溝通與人際關係：如何贏取友誼與影響他人》（How to win friends & Influence people），戴爾・卡內基（Dale Carnegie），龍齡，2015。
- 《如何停止憂慮開創人生》（How to stop worrying & Stop living），戴爾・卡內基（Dale Carnegie），龍齡，1991。
- 《祕密》（The Secret），朗達・拜恩（Rhonda Byrne），方智，2007。
- 《五秒法則：倒數54321，衝了！全球百萬人實證的高效行動法，根治惰性，改變人生》（The 5 Second Rule: Transform your life, Work, and Confidence with Everyday Courage），梅爾・羅賓斯（Mel Robbins），采實文化，2018。

- 《高績效教練：有效帶人、激發潛力的教練原理與實務（25週年紀念增訂版）》（Coaching for Performance Fifth Edition: The Principles and Practice of Coaching and Leadership UPDATED 25TH ANNIVERSARY EDITION），約翰・惠特默爵士（Sir John Whitmore），經濟新潮社，2018。
- 《薩提爾的對話練習》，李崇建，親子天下，2017。

讀書

- 《思考致富聖經 珍藏版》（Think And Grow Rich Collector's Edition），拿破崙・希爾（Napoleon Hill），世潮，2014。
- 《李開復給青年的十二封信》，李開復，天下文化，2020。
- 《圖解 大腦超速練習：0秒思考、10秒決策，5倍速清空待辦事項！》（行動する時間を生み、最速で結果を出す 速読思考），角田和將，野人，2017。
- 《極簡閱讀：將海量資訊去蕪存菁、化為己用，才是硬道理》，趙周，今周刊，2019。
- 《共讀的力量：帶領社群學習的引導技術》，林揚程，商周出版，2019。
- 《菁英都是閱讀控：巴菲特、比爾蓋茲、佐伯格都讀個沒完，為什麼？》，神田昌典，好的文化，2015。
- 《原子習慣：細微習慣帶來巨大成就的實證法則》（Atomic Habits: An Easy & Proven

Way to Build Good Habits & Break Bad Ones），詹姆斯・克利爾（James Clear），方智，2019。

寫作

- 《作文七巧》，王鼎鈞，木馬文化，2018。

分享

- 《與成功有約：高效能人士的七個習慣》（The 7 Habits of Highly Effective People），史蒂芬・柯維（Stephen R. Covey）天下文化，2017。
- 《公眾演講的祕密》（The Secret Of Public Speaking），王擎天，創見文化，2017。

生命

- 《週一斷食計畫：4週減重6公斤、體脂降3%！打造易瘦體質、讓身體重開機，最有效的減重生活提案》（月曜断食「究極の健康法」でみるみる痩せる！）關口賢，幸福文化，2019。
- 《斷食全書：透過間歇性斷食、隔天斷食、長時間斷食，讓身體獲得療癒》（The Complete Guide to Fasting: Heal Your Body Through Intermittent, Alternate-Day, and Extended

Fasting），傑森・馮博士、吉米・摩爾（Jason Fung MD, Jimmy Moore），如果出版社，2018。

- 《超級大腦飲食計畫：擊敗失智、調校大腦，讓你更聰明、更快樂、更有創造力》（Genius Foods: Become Smarter, Happier, and More Productive While Protecting Your Brain for Life），麥克斯・盧加維爾、保羅・葛雷（Max Lugavere, Paul Grewa），如果出版社，2019。
- 《學矽谷人做身體駭客，保持體能巔峰：90天科學飲食、體能計畫，讓腦力、體力、心智發揮100%》（Unstoppable: A 90-Day Plan to Biohack Your Mind and Body for Success），班・安杰（Ben Ange），采實文化，2019。
- 《芬蘭幸福超能力：希甦SISU芬蘭人的幸福生活法則，喚醒你的勇氣、復原力與幸福感》（FINDING SISU：In search of courage, strength and happiness the Finnish way），可嘉・潘札（Katja Pantzar），麥浩斯，2019。
- 《西藏生死書 四版》（The Tibetan Book of Living and Dying），索甲仁波切（Sogyal Rinpoche），張老師文化，2015。

正念

- 《正念的奇蹟（電影封面紀念版）》（The Miracle of Mindfulness），一行禪師（Thich

Nhat Hanh），橡樹林，2017。

- 《覺醒的你：暢銷百萬，歐普拉的床頭靈修書》（The Untethered Soul: The Journey Beyond Yourself），麥克・辛格（Michael A. Singer），方智，2018。
- 《臣服實驗：從隱居者到上市公司執行長，放手讓生命掌舵的旅程》（The Surrender Experiment: My Journey into Life's Perfection），麥克・辛格（Michael A. Singer），方智，2017。

成長

- 《蔡康永的情商課：為你自己活一次》，蔡康永，如何，2018。

國家圖書館出版品預行編目資料

在藏身之處，活得燦爛如初：一個不良少年走向斜槓青年的生命故事／林保華著. --初版.--新竹縣竹北市：思考致勝，2020.10

面； 公分.——

ISBN 978-986-97563-1-0（平裝）

1.修身 2.自我實現

192.1 109010322

在藏身之處，活得燦爛如初：
一個不良少年走向斜槓青年的生命故事

作　　者　林保華
校　　對　林保華、吳亭築、蔡佩婷
發 行 人　林保華
出　　版　思考致勝
設計編印　白象文化事業有限公司
　　　　　專案主編：陳逸儒　經紀人：徐錦淳
經銷代理　白象文化事業有限公司
　　　　　412台中市大里區科技路1號8樓之2（台中軟體園區）
　　　　　出版專線：（04）2496-5995　傳真：（04）2496-9901
　　　　　401台中市東區和平街228巷44號（經銷部）
　　　　　購書專線：（04）2220-8589　傳真：（04）2220-8505
印　　刷　基盛印刷工場
初版一刷　2020年10月
定　　價　500元

16歲屁孩自以為是黑社會

高中時騎檔車，嘴裡叼著菸手上拿著保力達

高二休學前在東海大學校外教學

屁孩時拿著開山刀假裝開車

我跟山雞去參加新竹燈會

17歲時當調酒師

第一次參加卡內基訓練獲得最佳突破獎

18歲在大溪老街丟花式調酒

2016年Money & you課程畢業

我寫了六千字的全開感謝信給蔡敏老師

我在菜市場賣水果時

2016年與黑幼龍老師

參加2017年Money & you年會

.2017年與丹尼斯魏特利博士

我和泰晶殿養生管理集團 美加醫學集團董事 陳芫進大哥

2017年舉辦馬來西亞生命鬥士曾志龍的講座

2017年和Jerry參加行銷大師傑亞伯拉罕課程

2017年受邀中國人壽演講

2018年受邀分享網紅經濟

第五次上卡內基訓練

2018年受桃園市文化局邀請調茶講座

2019年在讀書會分享《五秒法則》

分享我的第一本書我和壬槿大哥合影

2019年分享我的第一本書

1.2019年聚讀讀書會共讀《逆商》
2.2020年團隊教練課程
3.晨間讀書會
4.潛能聚英文話劇活動
5.冠名老師的薩提爾課程
6.《週一斷食計畫》分享

和我的家人在日本宮古島

參加課程，左邊是網紅國際娛樂創辦人Alvin，右邊是好朋友安慶

去印度自由行，背景為胡馬庸陵

2019年參加知名作家冒牌生的聚餐

我和W.bistro創辦人威廉

在拍調酒影片

和懿欣拍調酒影片

我在酒吧工作時，客人拍的

和笑笑拍調酒影片

在飯店工作時故意拿保力達調酒

和馬來西亞的朋友偉倫 Edson

在酒吧調皮的我

我養的貓艾碧斯，我都說他是客家貓

環島的第一站古奇峰

和遊民聊了一整夜

和刺青師小馬

陪我的阿公下象棋

刺青地藏王菩薩